四特 教育系列丛书 SITEJIAOYUXILIECONGSHU

学生热爱学习教育

萧枫　姜忠喆◎主编

特约主编：　庄文中　龚　玲

主　　编：　萧　枫　姜忠喆

编　　委：　孟迎红　郑晶华　李　菁　王晶晶　金　燕

　　　　　　刘立伟　李大宇　赵志艳　王　冲

　　　　　　王锦华　王淑萍　朱丽娟　刘　爽

　　　　　　陈元慧　王　平　张丽红　张　锐

　　　　　　侯秋燕　齐淑华　韩俊范　冯健男

　　　　　　张顺利　吴　姗　穆洪泽

　　　　　　左玉河　李书源　李长胜　温　超

　　　　　　范淑清　任　伟　张寄忠　高亚南

　　　　　　王钱理　李　彤

"四特"教育系列丛书

吉林出版集团有限责任公司

图书在版编目(CIP)数据

学生热爱学习教育／《"四特"教育系列丛书》编委会编著．－－长春：吉林出版集团有限责任公司，2012.4

("四特"教育系列丛书／庄文中等主编．班主任治班之道)

ISBN 978－7－5463－8778－9

Ⅰ．①学… Ⅱ．①四… Ⅲ．①中小学生－五爱教育 Ⅳ．①G631

中国版本图书馆 CIP 数据核字(2012)第 043975 号

学生热爱学习教育

责任编辑	孟迎红　张西琳
责任校对	赵　霞
开　本	690mm×960mm　1/16
字　数	250 千字
印　张	13
版　次	2012 年 4 月第 1 版
印　次	2018 年 2 月第 1 版 第 2 次印刷
出　版	吉林出版集团股份有限公司
发　行	吉林音像出版社有限责任公司
	吉林北方卡通漫画有限责任公司
地　址	长春市泰来街 1825 号
	邮　编：130062
电　话	总编办：0431－86012906
	发行科：0431－86012770
印　刷	北京龙跃印务有限公司

ISBN 978－7－5463－8778－9　　　　　　定价：39.80元

前　言

　　学校教育是个人一生中所受教育最重要的组成部分,个人在学校里接受计划性的指导,系统地学习文化知识、社会规范、道德准则和价值观念。学校教育从某种意义上讲,决定着个人社会化的水平和性质,是个体社会化的重要基地。知识经济时代要求社会尊师重教,学校教育越来越受重视,在社会中起到举足轻重的作用。

　　"四特教育系列丛书"以"特定对象、特别对待、特殊方法、特例分析"为宗旨,立足学校教育与管理,理论结合实践,集多位教育界专家、学者以及一线校长、老师们的教育成果与经验于一体,围绕困扰学校、领导、教师、学生的教育难题,集思广益,多方借鉴,力求全面彻底解决。

　　本辑为"四特教育系列丛书"之《班主任治班之道》。班主任是教师队伍的重要组成部分,是班级工作的组织者、班集体建设的指导者、学生健康成长的引领者,是思想道德教育的骨干,是沟通家长和社区的桥梁,是实施素质教育的重要力量。班主任工作是学校教育中极其重要的育人工作,既是一门科学,也是一门艺术。班主任工作既包括日常的教学管理,也包括班级文化建设。

　　本辑共20分册,具体内容如下:

　　1.《管好班干部》

　　班干部是班集体的核心,也是班级的"火车头",这个"头"带的好不好,马力足不足,直接影响到整个班级的运转。有了优秀的班干部队伍,班级各项工作就会顺利开展,班级面貌就会生机勃勃;反之,班级就是一盘散沙,集体就会涣散无力。因此,如何培养一支素质高、能力强的班干部队伍,显得尤为重要。本书对班主任如何管理好班干部进行了系统而深入的分析和探讨,并提出了解决这一问题的新思路、可供实际操作的新方案,内容翔实,教案丰富,对中小学班主任颇有启发意义。

　　2.《带班的技巧》

　　本书讲述的常见问题与解决策略,绝大多数来自新时期一线班主任的教育实践,因此,其实用性和可操作性是不言而喻的。同时.本书又不拘泥于就"问题"论"问题",而是透过现象看本质,善于引导新班主任们看到问题背后更深层次的东西,从而看得更远、想得更深、悟得更多。

　　3.《全能班主任》

　　优秀的班主任是如何炼成的? 他们的成长要经过多少道磨练? ……本书对优秀班主任成长必经的多项全能进行了深刻剖析与精彩演绎。

　　来自一线最真实的问题,来自一线最优秀班主任的"头脑风暴",来自全国著名班主任的点拨,使得本书在浩如烟海的班主任培训用书中脱颖而出。

4.《拿什么约束班主任》

班级是学校进行教育、教学工作的基本单位。班主任是班集体的组织者、教育者和指导者,是学校领导实施教育、教学计划的直接执行者,是指导团队开展工作的重要力量,是沟通学校、家庭、社会三结合教育渠道的桥梁。为了能更好地体现新课程改革对班主任工作的要求,进一步规范班主任工作的管理,明确班主任工作职责,促进班级工作的开展,建立良好的班风、校风,班主任教师除了在工作中讲究技巧性和艺术性外,还应该有严格的工作要求与便于实践操作的基本规范。

5.《班主任的基本功》

班主任工作十分繁杂,头绪很多,要想成为一名优秀的班主任,应当从事务堆中解脱出来,始终保持清醒的头脑,以明确自己的使命。本书全方位地阐述了新时期做好班主任应具备的各方面要素;它从班主任实际工作出发,从工作中出现的问题入手,再到详细地分析问题的成因,最后提出解决问题的方法、策略或建议。本书反映了我国新时期有关班主任工作的方针、政策的新动向,反映了班主任教育理念发展的新趋势,同时也反映了班主任工作实践活动的新发展。

6.《从细节入手》

班主任是班级的组织者、协调者、领导者和教育者,他是距离学生最近、与学生接触最多、对学生影响最大的老师。他的管理、他的教育影响的发挥在很大程度上取决于对教育细节的把握。细节虽小,却能透射出教育的大理念、大智慧。一个成功的班主任,一定是一个关注细节、善于利用细节去感染、教育和管理学生的人。

7.《班主任谈心术》

当前,青少年心理健康问题已成为全社会越来越关注的焦点。因青少年心理问题引发的违法犯罪等社会问题,也呈日趋上升的态势。现代教育的发展要求教师"不仅仅是人类文化的传递者,也应当是学生心灵的塑造者,是学生心理健康的维护者"。作为一班之"主"的班主任,能否以科学而有效的方法把握学生的心理,因势利导地促进各种类型学生的健康成长,将对教育工作的成败有决定性的作用。但是,面对性格迥异,出身、家庭等各有不同的学生,如何走进他们的心灵、倾听他们的心声、解决他们的思想问题?本书将一一为您解答。

8.《班主任治班之道》

班级是学校的基础"细胞"。班级管理搞好了,学校的教育、教学工作才会得以顺利。正如赫尔巴特所说:"如果不坚强而温和地抓住管理的缰绳,任何功课的教育都是不可能的。"可见班级管理工作是多么的重要。而班主任作为班级的组织者、管理者,做好班级的管理就成为班主任工作的重中之重。

9.《怎样开好班会》

主题班会可以锻炼学生的活动能力,开拓他们的眼界。如何设计好一场别开生面的主题班会,寓教于乐,从思想上和情感上润物无声,对学生起到特殊的教育作用,这本手册是您的最好选择。分类细,立意精,内容新,一册在手,开班会不愁!

10.《突发事件应对》

书中列举的大量真实生动的案例,无不充满智慧,充满心与心的交流。书中的一幕幕校园闹剧,让人有种似曾相识的感觉;书中老师的"斗智斗勇",让人感到耳目一新,由衷叹服,不禁感慨教育真是一门充满智慧的学问!

11.《学生人格教育》

本书从人格类型入手,对教师和学生的人格类型进行了划分;再结合大量实证研究和教学实践个案,提出了教师应如何巧妙地根据学生的心理类型,在全班教学的同时又针对类型差异,进行适应个别差异的教学和管理,以满足学生的需要来激发学生的学习兴趣,进而提高教学效率,使每个学生得到适合自己的发展。阅读本书,教师不仅能够掌握更有效的教学方式、让学生喜欢上学习、提高教学质量,而且能够对自己有更进一步的了解,有利于教师的自我成长。

12.《学生心理教育》

当前我国教育改革和发展面临的重大任务和时代主旋律,是全面实施和推进素质教育。素质教育的重要内容和目标之一,就是培养学生良好的心理素质,提高学生的心理健康水平。而要想培养和发展学生的心理素质,最重要的方法就是面对全体学生系统地开展心理健康教育。本书就是一本供中小学生心理健康教育用的书,有助于引导中小学生领悟到相关的理念、知识和方法。

13.《学生遵纪守法教育》

对广大青少年的遵纪守法教育应根据其认识水平,从纪律教育入手,让他们从小建立起规则意识。而且要明确所在学校的校规,所在班级的班规;要了解学校的各种制度。由学校的一些纪律制度,推而广之,让青少年对必要的社会公共秩序的规定也要有所了解。同时,要青少年明白人小也要守法。本书以青少年为主要读者对象,目的是让青少年读者感受到遵纪守法的必要性。

14.《学生热爱学习教育》

本书通过大量实例,深入浅出地剖析了动机的重要性和来源,教您如何激发学生投入学习的动机,怎样鼓励学生完成学习任务,还告诉您怎样及时遏制学生在课堂上的不当动机。掌握了激发学生学习动机的策略之后,您会发现,让学生都爱学习,已不再只是梦想,它正在慢慢变为现实。

15.《学生热爱劳动教育》

教育与生产劳动相结合是我党教育方针的重要组成部分,是我们坚持社会主义教育方向的一项基本措施。要搞好教育与生产劳动的有机结合,必须首先教育学生热爱劳动,使每个学生对劳动产生渴望,感到劳动是一种欢乐,是一种享受。当学生能从劳动中取得乐趣时，劳动教育才算获得成功。

16.《学生热爱祖国教育》

热爱祖国是中华民族的传统美德，是每个公民的神圣义务。"以热爱祖国为荣，以危害祖国为耻"不仅是一个普通的道德准则，也是公民的生活规范。爱国主义是维护中华民族大团结，促进社会大发展的主要精神动力，是中华民族最基本、最重要的传统美德。爱国主义，也是对自己祖国和人民的深厚感情。

17.《学生热爱社会教育》

构建社会主义和谐社会，必将为青少年健康成长创造一个优良的社会环境。同时，加强青少年社会教育，促进青少年健康成长，对于促进社会主义和谐社会建设，也具有十分重要的意义。社会的持续发展，持续和谐，在很大程度上取决于今天的青少年能否成为未来社会的合格成员，而培养合格的社会成员，仅靠学校教育、家庭教育是不够的，必须坚持学校教育、家庭教育和社会教育相结合。

18.《学生热爱科学教育》

当你们看着可爱的动画片，玩着迷人的电脑游戏，坐上快速的列车，接听着越洋电话的时候，……你可曾意识到科学的力量，科学不仅改变了这个世界，也改变了我们的生活，科学就在我们身边。科学技术的日新月异，使得科学不只为尖端技术服务，也越来越多地渗透到我们的日常生活之中，这就需要正处于青少年时代的我们热爱科学，学习科学。

19.《学生热爱环境教育》

我们不是从祖先那里继承了地球，而是从子孙那里借用了地球。宇宙无垠，地球是一叶扁舟，人类应该同舟共济。地球能满足人类的需要，但满足不了人类的贪婪。森林是地球的肺，我们要保护森林。水是生命的源泉，珍惜水源也就是珍惜人类的未来。拯救地球，从生活中的细节做起。对待环境的态度，表现着一个人的素质和教养。人类若不能与其它物种共存，便不能与这个星球共存。幸福生活不只在于衣食享乐，也在于碧水蓝天。

20.《学生热爱父母教育》

专家认为教育首先是让孩子"成人"，然后再是"成才"。要弄清成绩、成人与成才三者的关系，谨防"热爱教育"缺失造成的心灵成长"缺钙"现象。对一个孩子健全人格的培养，最关键的要让他做到几点：热爱父母，能承受挫折、吃得起苦，有劳动的观念。热爱父母，才能延及热爱社会、热爱人生。

由于时间、经验的关系，本书在编写等方面，必定存在不足和错误之处，衷心希望各界读者、一线教师及教育界人士批评指正。

编者

目 录

第一章

学生热爱学习教育的理论指导

1. 指导学生提高自主学习意识

　　所谓"自主学习"是就学习的内在品质而言的，相对的是"被动学习"、"机械学习"和"他主学习"。"自主学习"是指较少依赖别人的帮助而自己可以进行有效地学习。它是一种综合性的能力。主要包含如下几个因素：自觉主动的学习积极性；独立学习的方法和技能（包括善于搜集资料、分析、记录和整理资料）；独立学习的习惯；进行小型而又简易的探究性、验证性实验能力。

　　这里所说的自主学习是指在教学条件下的学生的高品质的学习。所有能有效地促进学生发展的学习不一定是自主学习，而真正的合作学习和探究学习一定是自主学习，然而"自主学习"并没有现成的经验、既定模式，需要在不断探索中慢慢渗透逐渐形成。而促进学生进行自主学习的关键，就是要提高学生学习的积极性和主动性，使学生能主动、积极、热情地投入到学习中来。如何提高自主学习：

　　宽容接纳，创设和谐氛围

　　提供和创造一种促进学生积极发展的环境和氛围：安全、友善、宽容、鼓励、民主、自由、相互尊重的环境，不仅有利于培养学生的自尊心、自信心，还有利于促进学生进行自主学习。

　　（1）创设轻松、自由的学习氛围

　　巴班斯基说："教师是否善于在上课时创设良好的心理氛围，有着重大的作用。有了这种良好的气氛，学生的学习活动就可进行得富有成效，可以发挥他们的最高水平。"现代心理理论和教育理论也证明，学生如果在被压抑的被动的条件下学习，学习的主动性和积极性极易被抑制，其学习效率也必然是低下的。

（2）创设民主，合作的课堂环境

一个积极健康的课堂教学环境有助于学生主动地、活泼地投入教学过程，良好的课堂氛围是强化和促进主体性发挥的重要因素。因此，我们在教学全过程中都应力求创设一种民主的、和谐的教学环境，调动学生积极向上的情感力量。

（3）创设宽松，自主的成长环境

成长环境在校园环境中主要指师生之间、生生之间的民主、平等、和谐的人际关系。让学生在宽松、自主的成长环境里，学会自主，学会创新，有利于积极性和主动性的提高。

热爱尊重，建立民主关系

希望与教师建立密切的关系并渴望得到教师的关爱，这是每个学生普遍的内在需要。如果这种需要得到满足，就会增加师生感情，增强学生对教师的信任度，并促使学生积极主动地投入学习。因此，教师应当以尊重、民主的态度对待学生，建立真诚、和谐的师生关系。

（1）热爱

爱生是教师获得成功的基础，也是师生建立真诚关系的基础。教师应了解学生，理解学生，尊重、信任学生，承认个性差异，挖掘个人潜能，要使每个学生都有机会表现自己。

（2）和蔼

以缩短师生之间的心理距离，让学生获得认知和情感上的满足，此外，教师还应具有热心、同情心以及富于激励和想象的倾向性。有研究表明，教师这个重要的人格特征，对学生的学习积极性及学习的有效性具有十分重要的作用。

（3）民主

民主决不是放任，而是充分尊重学生，只要学生能参与，提出独到的见解（即使是不符合常理的），也应予肯定；而当学生遇到问题，则要多给予帮助和鼓励。师生之间应彼此理解、信任和合作。

（4）平等

教师要由过去的"主宰者"变成学生学习的引导者、激励者和点拨者，充分欣赏、激励学生，与学生朋友式相待，让学生真切感受到师生的平等。卡尔·罗卡斯曾说过这样一句话："推动有重要意义的学习靠的是存在于推动者和学习者之间的个人关系中的某些本质的态度，即真诚。"这句话不能不引起我们的深思。

兴趣培养，唤醒自主意识

兴趣是推动学生进行学习的内部动力，是影响学生学习自觉性和积极性的直接原因。"兴趣是最好的老师"，学生如果对学习产生了兴趣，就会引发学习动机，推动学生学习，并在学习过程中产生一种积极的情绪状态，鼓舞学生认真而愉快地学习。怎样才能培养学生的学习兴趣，激发其学习情趣呢？

（1）创设悬念，激发兴趣

亚里士多德说过："思维自疑问和惊奇开始"。任何一个学生的好奇心都是很强的，教师若能抓住学生这个特点，根据教材内容，创设悬念，设置疑点，往往能创造出诱人的学习情境，激发学生强烈的学习兴趣。例如：在教《柳叶儿》一文时，可以这样进行设计：一走进教室，我就挥着手中的柳枝说："同学们，这是一条带着柳叶的柳枝，在这柳叶儿身上发生了什么故事？你们想知道吗？"学生们的眼睛一下子盯住了我手中的柳枝和柳叶。在激起学生强烈的求知欲后，我就从这封信入手开始进行教学，结果整堂课师生配合默契，教学效果良好。

（2）不断创新，培养情趣

一门学科都有其特点，教师只要善于挖掘，总能找到学生感兴趣的东西。要增强教学内容的新颖性和多样性，并针对学生心理，精心设计富有情趣的教学过程，不断改进教学方法，变换讲课方式，还可以运用表演形式、竞答比赛形式、游戏形式以及多媒体教学，将枯燥的知识趣味化，从而培养和提高学生的学习情趣，启迪学生的思维。如在教学《皇帝新装》一文时，就可以采用课本剧加竞赛的形式，让学生在课堂上加以表演，这样整堂课下来，学生不仅能积极、主动参与，而且教学任务也得以完成。

（3）体验成功，享受乐趣

好奇心是人的天性，求知欲是在好奇心的驱使下在探究活动中经过培养而发展起来的，它是好奇心发展为兴趣的过渡环节，也是兴趣赖以产生和形成的内部基础。因此，激发并极大地满足学生的求知欲是发展学生兴趣的核心。我们在教学中应为每个学生提供展示才能的机会，及时表扬和鼓励，让学生享受成功的乐趣。

此外，我们在培养学生的学习兴趣时，还应注意以下几点：

首先，教师要有激情，感情要投入，那种照本宣科、人云亦云的讲解，学生只会恹恹欲睡。

其次，教师应理解学生的天性，尊重学生的人格，不能在任何时候、任何场合扼杀孩子的创造性。

再次，要激发全体学生都参与到教学活动中来。

信心激励，激发自主力量

第斯多惠说过："教学的艺术不在于传授的本领，而在于激励、唤醒和鼓舞。"激励是激发人的动机、调动人的积极性的重要手段，也是心理教育的重要原则。行为科学的实验也证明：一个人在没有受到刺激的情况下，他的能力仅能发挥到20%～30%，如果受到充分地激励，能力就可能发挥到80%～90%。这充分说明运用激励机制是促进学生进行自主学习的重要举措。激励的形式有很多种，常见的有以下几种。

（1）语言激励

我们在教学中，不要轻易否定学生的成果，这样会给学生的心理带来不安全感和怕受批判、紧张的情绪，容易抑制学习的积极性。任何时候，教师都应及时鼓励学生，"你真了不起!" "你真不简单!" "看，我们的学生多伟大!"即使学生做得不够好，你也可以说："你做到这一步确实不容易，你已经努力了。"自信心是创造力的要素之一，教师这种激励性的语言无疑会增强学生的学习信心，有利于调动学习的主动性和积极性。

（2）期望激励

每一个学生都是具有独立人格的个体，他们都渴望得到别人的注意。实践证明：如果教师能够准确地把握每位学生的认知特征和人格特征，形成恰如其分的期望，那么这种期望就会产生巨大的力量，激发学生内在的潜能，并转化为积极实践的动力。

（3）情感激励

学生的学习活动需要认知和情感共同参与。有研究表明：学生的学习情绪良好，大脑皮层就会处于积极思维状态，就易于激发思维力、想象力和创新力。所以我们应和学生建立真诚的友谊，用自己的真情点燃学生心中的圣火，用真情温暖每一位学生。真诚，无私坦荡的微笑，激起的是学生乐观、自信、善良和友好的品性，以及由此而点燃的积极乐观的进取精神。

（4）目标激励

每个人都有自己的目标，大到人生理想的追求，小到某一具体行为的实现，在学习上也一样。目标一经确定，学生往往就把它作为行为方向和行为尺度的舵，有着积极的导向作用。因此在教学中，教师应因人而异，为每个学生制定适合其发展的目标，用目标激励学生的学习主动性和积极性。

（5）榜样激励

榜样是无声的教育。树立先进的榜样，对学生的激励作用不可低估。而榜样可以是多方面的，可以用周恩来总理"为中华之崛起而读书"的雄心壮志来激励学生，也可以用鲁迅先生在三味书屋刻苦学习的事例来鼓励学生，更可以用发生在学生们身边的无数感人的故事来教育和激励学生。教师平时应多注意收集这方面的信息，因势利导，树立先进典型，进行大力宣传，这样就会大大地激发学生的学习主动性和积极性。

当然，教学激励不仅要有恰当的内容，而且还要有灵活地表达。激励可以是正面的激励，也可以是十分得体的反面激励。可以这么说，抓住时机、采用恰当的形式、从关心学生发展的角度出发对学生得体的激励是促进学生积极主动学习的强大动力。

教学优化，创造自主空间

提高教学效果和节省时间消耗是教学最优化的标准。优化教学过程，就必须树立以学生为本的思想。只有学生积极主动地投入到学习中来，才能达到教学最优化的标准。因此，在教学过程中，教师必须承认学习可能性差异的客观存在，懂得如何去发现和发展学生的潜力，选择恰当的教学模式和教学方法，从而追求教学过程的最优化。

（1）构建新的教学模式

教学模式是指在一定的教学思想指导下，围绕教学活动的某一主题，形成相对稳定的系统化、理论化的教学规范。教学模式必须以学生为中心，有较强的可操作性和可推广性，要因地制宜，创造性地选用，这样才能充分体现学生的主体性。

（2）精心设计教学过程

教学设计一定要符合学生的年龄特征和认知规律。教学目标制定要适宜，重点、难点要突破，训练要做到深入浅出，化难为易；要给学生创造独立的空间和展现才华的机会，精讲巧练，培养学生积极参与学习活动的意识。在教学过程中，我们还要特别注意把提问的权利还给学生，并让学生提一些更富批判性和创造性的问题，多关注现实和世界，社会和人生，对课堂提问要允许学生有错误，循循善诱，引导学生发现错误，使学生在错误中走向成功。

（3）选择恰当的教学方法

教师应针对不同学生的特点和知识基础，重视学生的个性差异，因材施教，具体指导，尊重不同层次学生提出的与众不同的疑问、见解，肯定不同认知、答案的价值；要采用启发式的教学方法，教会学生善于学习，具有独立获取知识的自学能力，而且还应把现代教育技术等多种教学手段运用到教学上来。

（4）优化作业设计

作业如果过于繁琐和机械，其危害是显而易见的。最直接的危害，则是增加学生的负担，抑制学生的学习主动性和积极性。因此教师在设计作业时应变繁琐为简明，变机械为灵活，变封闭为开放，变枯燥为生动。这样不但能巩固知识，增长才干，还能使学生感到学习也是有用和有趣的。

总之，我们在教学实践中，应切实转变教育观念，重视人的发展性和主体性，采用正确的方法和策略，这样才能从根本上提高学生学习的积极性和主动性，促进学生自主学习，真正促进每个学生健康、主动地发展。

2. 指导学生热爱学习的方法

让学生在学习活动之前自己能够确立学习目标，制定学习计划，做好具体的学习准备。在学习活动中能够对学习进展及学习方法做出自我监控、自我反馈、自我调节；在学习活动后能够对学习结果进行自我检查、自我总结、自我评价和自我补救。主要从以下几方面点点滴滴地加以引导。

给学生一个自主学习的空间

传统的教学中我主要采用的是教师"满堂灌"、学生"被动听"的教学方式。受传统的教学方式和从小就接受母语熏陶的影响，许多学生对知识的获取没有新鲜感，认为知道的已经很多了，学习的动力不大，他们感到的是被迫学习。因此，导致一节课下来，事倍功半。针对这种情况，在新课程的教学中，教师要尽量从培养学生的学习兴趣入手，在教学内容的基础上，适当选择一些小知识点，让学生进行讨论、分析，引发学生兴趣，并穿插一些练习题，让学生进行比赛。通过参与，吸引一部分学生，引发他们参与的意识，唤醒学生学习主动性，从而由被动变为主动，使学生在轻松愉悦的氛围中学到知识，间接地使学生对学科产生极大的兴趣。

给学生一个选取材料的条件

语文教材中，"活动"内容安排的较多，利用书中所给的条件，调动学生的参与意识，积极搜集材料，让学生在搜集材料的过程中去发现生活中的点滴知识，一方面养成积累知识的好习惯，另一方面利用课堂教学过程引发学生兴趣。例如，在教学过程中，设计一些辩论话题，在讲到《美猴王》这篇文章时，对论点"美猴王是猴、是人、还是神？"加以辩论，让同学在搜集材料的过程中，加工、提炼语言文字，进一步培养学生的口头表达能力、逻辑思维能力。并学会根据需要，选取材料，进行加工，拓展他们的知识面，引发他们对语文知识的探求。

给学生一个质疑问题的时间

在语文教学中，传统的"一言堂"已远远不能激发学生的学习兴趣，也早已被学生所否定，怎样才能使"一言堂"变为"群言堂"，这是教学中的关键所在。语文知识，一方面与生活非常贴近，学生一知半解，略知一二；另一方面许多理性知识学生不感兴趣，难以理解、领悟。针对这种情况，为引发学生兴趣，调动学生的自主学习，使学生更多地参与到学习知识的当中，可以采用把学生分成小组的方式，对有些语文内容，让他们自己分析、自己安排、自己讲解，从而自己进行小结、补充。例如，在教学《空城计》时，让学生结合电视剧《三国演义》中的情节，进一步体会诸葛亮、司马懿的性格特征，以此调动学生的积极性，让学生进一步对小说的要素加以理解，也锻炼了学生的语言表述能力。

给学生一个自主参与的机会

语文知识内容丰富，拓展面宽。单纯的将书面知识给学生加以罗列，久而久之他们会感到单调、枯燥，会产生厌烦的心理，失去兴趣。为调动他们自主学习的积极性，在教学中，要针对不同学生不同的特点，设计问题。例如，在教学《春》这一课中，学生对春的认识只是停留在片面的表象认识中，对文章中写景的方法，一知半解，是零散的。如果只停留在分析文章的结构这一教学点上，在教学深度上不免有些欠缺。

总之，对学生自主学习的引导，依赖于学生的学习兴趣，在"能学"的基础上，引发学生"想学"，教学生"会学"，从而进一步建立在学生的学习责任上，导入学生能"坚持学"，尽量使学生的自主学习达到尽善尽美，使学生彻底地从传统的"要我学"转变为"我要学"的轨道上来。

3. 培养学生学习兴趣的措施

素质教育已成为当今时代教育的主流。随着历史教育改革的深化，我们历史教育工作者在教学过程中，不但要注意对学生的智力和能力的培养，还应重视对学生进行非智力因素的培养。爱因斯坦曾说过："成才＝智力因素＋非智力因素。"在以往的教学工作中，我们不太重视对学生学习动机的端正、兴趣的激发、情感的培养等非智力因素，而热衷于"满堂灌"，训练"考试机器"等，极大地压抑了学生的学习积极性、主动性和创造性，严重影响他们全面素质的提高。本文拟就非智力因素在学习中的作用和如何培养学生非智力因素的问题，谈谈体会。

非智力因素及其在学习中的地位

心理学认为：非智力因素是指那些不直接参与认识过程，但对认识过程起着动力、定向、引导、维持、强化作用的心理因素。也就是除了智能以外的因素，主要由动机、兴趣、情感、意志、性格等要素组成。智力的发展与非智力因素的发展紧密相连、互相制约。在我们现实的教育工作中常见到这样的情况：学习成绩不够好的学生，往往不是智力水平低，而是学习目的不明确、态度不端正、在学习过程中缺乏恒心和毅力以及自信心不足。这说明非智力因素能否得到很好地发展，直接影响到学生学习成绩以及学习能力的好坏。鉴于青少年阶段正是人的潜能开发和个性发展的最佳时期，因此，教师在进行各科教学时，在强调传授知识开发智能的同时，必须重视学生非智力因素的培养。这是当代实施素质教育的要求，也是提高各科教学质量的有效途径。

端正学生的学习动机，使学生"想"学

明确的学习动机是学生学习的内在动力，是保证学习的前提条件，学生只有想学才可能学好。

但在学生心目中，对历史学习存在两种偏见：一种认为历史是小科、副科，社会、学校都不重视，而且认为历史学的都是过去的事情，枯燥、对现实作用不大。因此很多学生不愿意学，认为是浪费时间；另一种偏见认为学历史，只要会背、会记就可以了，至于懂不懂、上课听不听都无所谓，再加上目前初升高的升学考试中，社会学科只占 30 分，又加剧了上述现象的扩展。而以上这些现象的存在和扩展，不仅使学生历史课基础薄弱，更主要是学生学习历史的积极性丧失殆尽。针对以上两种情况，在教学的第一堂课必须明确告诉学生：高中历史是高考的必考科目之一，使学生在思想上明确学习历史的重要性。

我们还必须解决学习历史有什么作用的问题，因为有用才有学习的必要性。为此，我用"什么是历史"这一问题来调动学生的好奇心和学习热情。紧接着，我又引用诸如毛泽东、拿破仑等伟人或名人学史重史用史的故事，以及与学生共同分析当今的时事热点，如巴以争端、伊拉克问题等学生感兴趣的问题来说明历史在认识社会、判断社会问题等方面具有其独特的作用，使学生对历史与现实之间的联系有一个感性的认识；引用古今中外的史学迷案，如埃及金字塔之迷等，鼓励学生自己到图书馆寻找相关资料，了解更多更详细的内容，使学生既能"初尝"到历史的趣味性，又为学生架起历史与未来联系的桥梁。这样，学生的学史"欲望"也在这过程中逐渐滋长起来。

激发学生的学习兴趣，使学生"乐"学

兴趣是人积极探究某种事物或进行某种活动的心理倾向。心理学研究证明，对学习感兴趣的学生，他的意识、注意都倾向并集中到学习上去，以至达到废寝忘食的程度。同时，识记的能力、思维的效果也都好。历史学科的特点决定了历史事件往往离学生的生活年代较远，常常让学生感到枯燥无味。所以只有把历史与现实、历史与学生本身结合起来，才可能激发学生对历史的兴趣。那么，怎样调动和激发学生学习历史的兴趣呢？

（1）精心巧妙设疑布阵

阿西莫夫说："科学始于好奇。"学生的求知规律也是遵循"无疑—有疑—无疑"这一原则的。教材有些内容文字简洁、科学性强，引不起学生的兴趣。因而，教师要善于创设问题情境，使学生产生新奇、惊讶、新颖之感，以引起学生探索问题，寻求答案的内心需要。如《第一次世界大战》一课的导课，教师首先拿出一个现代坦克模型（儿童电动玩具坦克），并发出模拟、仿真的枪炮声，吸引学生的注意力，引起学生的兴趣。接着问，最早出现在战场上的坦克是什么样子的，它是在哪次战争中首次使用的。通过这样的设问，活跃学生的思维，激发学生的兴趣。为一节课的成功打下了良好的基础。

又如《美国内战》一节课的讲述中，对于南北矛盾内容的处理。教师首先把课前准备好的关于南北矛盾中的工业原料、劳动力、关税、奴隶制度示意图挂出，并把学生分成两组，然后指出，现在让我们穿越时空，进入正在进行激烈辩论的美国国会中，两组同学分别就是南北方的议员代表，你们就南北矛盾中的焦点展开辩论。在教师的启发下，学生们展开了激烈地争论，最后得出了结论，化解了难点。学生通过辩论与参与，锻炼了表达能力，也培养了学生运用史实分析问题的能力。既活跃了课堂气氛，又调动了学生的积极

性，同时也提高了学生的能力。

（2）运用语言与情感等

在历史课堂教学这个教学大"舞台"上，历史教师既是"导演"，又是"演员"，与学生（演员）共演一台戏。教师的功夫在于教师的教学艺术。为学生积极学习，主动参与课堂教学活动创造一个轻松、活跃的课堂气氛，让学生沐浴在情感艺术的享受之中，从而激发学生兴趣，取得最佳教学效果。语言是最普遍、最直接、最常用的教学手段，可能也是最容易被忽视的环节。教学语言的随意性与教学语言的技巧性的作用必然会产生两种不同的教学效果。因此，重视语言的魅力，重视语言与其他教学手段的配合，是一堂课成功的关键。

历史教学中，教师动之以情，晓之以理，以真挚、饱满的情感，生动描述历史长河中千变万化，丰富多彩的动人故事；慷慨悲壮，感人肺腑的人物命运；刀光剑影、气势磅礴的壮观场面等，把历史本身的魅力，借助教师的语言淋漓尽致地抒发出来，去吸引学生，达到师生情感的交融，引起学生的共鸣，从而引导学生将感性上的认识逐步上升为理性认识。

（3）采取科学的教学手段

例如：我们可以更广泛地采用电教媒体提供的信息，寻找和建立情知融合点，创设学习的最佳心理状态。充分利用电教媒体把远的拉近，把抽象的变成具体，把虚的变实，创设有趣的教学情境，调动学生的各种感官，激发其认知兴趣和求知欲望，这时学生会精神振奋，全身心投入到教学情境中，从而达到智力活动的最佳状态。

比如：在讲《长征》一课时，由于时代距离我们较遥远，学生很难体会到当时红军的长征精神。那么我们可以通过播放《四渡赤水》《飞夺泸定桥》《过草地》等片段，既能让学生体味到红军不怕艰难险阻的大无畏精神，又能激发学生的兴趣。

又如创设历史情景，给学生重返历史的机会。历史学科有着其独特的学科特点，即具有时间、空间、人物和特定场景。我们完全可以利用这个特点，用语言、形体、情感和道具等方式表现特定的历史场景，重现历史，然后在课堂上由学生表演。在表演前或表演后提出问题，引导学生由形象思维过渡到逻辑思维，达到吸引学生注意力、调动学生思维的目的。

比如在讲到《抗日民族统一战线的初步形成》一课时，为了使学生更好地体会到当时的情景，教师在导入新课时是这样设计的：指挥学生高唱《国歌》，之后提问：大家知道这首歌的创作时间和背景吗？这首歌中"中华民族到了最危险的时候"指的是什么时候的什么事件吗？为什么说"中华民族到了最危险的时候"？面对这种生死存亡的危急关头，中国社会各阶层、各政治派别又有何表现呢？这就是我们今天要学习的主要内容。由此导入新课，将学生带到了那战火纷飞的时代。

（4）鼓励学生，给学生以成就感

心理研究表明：高中生自尊心特强，但他们心理上还不成熟，学习中可能因一时的困难或挫折而失去信心，连续的失败可能会使他们失去学习的兴趣。因此，在教学中要注意教学难度地把握。除了规定总的教学目标以外，还应根据学生的个性规定不同的近期目标，当这个目标达到后，则马上再提出一个新的、已提高了的近期目标。当然，这些目标是根据学生的实际情况有针对性地提出来的，只要学生认真努力就可以达到。这样就使学生始终处于一种积极地追求之中，能经常体验到成功的喜悦，使学生对自己学习充满信心，从而提高学习的兴趣。

另外还可以用语言来鼓励学生。在学生回答问题时，对所有的属于自主回答的答案，均应给予鼓励性和肯定性评价，内容合理的要肯定其内容，如"你说的很好"，"这一点非常对"；内容有出入的，也就是要充分肯定学生在回答的过程中所体现出来的"闪光点"，如"虽然在某方面还有点问题，但你能说到这些，说明你认真思考了"，这样会使学生有一种"成功感"。对存在的问题以委婉的方式给学生指出来，使学生明确今后应努力的方向和注意的问题。学生既增强了信心，又提高了学习的兴趣。

除去上述方法之外，还有很多途径，如知识竞赛、实地观察、撰写历史小论文、观看历史剧等。根据学校的情况和条件，创造性地开展各种活动，以趣激学，学习效果会更好。

调动学生的学习情感，使学生"愿"学

心理学研究表明，中学生的认识也往往带有各种情感色彩，常表现出的不是用理智来支配情感，而是用情感支配理智，甚至有时用自己的好恶来决定一切。在教学实践中，我们都有这种体会：一位学生喜爱某位老师，从而对该老师所教的学科也特别喜欢，就会努力学习这门学科，学习成绩也会相应地提高；反之，该学生不喜欢某老师，那么对他所教的课一般也不感兴趣，上课时，往往不能认真听课，成绩会出现退步。可见情感对学生的认知行为有很大影响。

因此，在教学中我们要抓住学生的情感变化，积极创造健康的情感世界，使学生热爱学习，做到"亲其师而信其道"。作为一名历史教师，首先要热爱历史教学工作，认真钻研业务，努力改革教学，始终要有饱满的教学热情，坚韧不拔的教学意志，并以此去感染学生。

其次要热爱关心学生，教师对学生要树立起可亲可敬的形象，表现出慈母般的爱心。

在教学中，要注意对每一个学生施以平等之爱，即不偏爱任何一个学生；辅导时，不只是辅导好学生，而应该更多地辅导学习困难生。

在课堂上，发扬教学民主，把学生当主体，教师的一切活动都应围绕学生转，使学生有"主人翁"之感。在课堂提问中，要多鼓励学习困难生发言，并给他们成功的机会。

在课外，应尽可能多地接触学生，尤其是学习困难生，多找他们谈心，了解他们的学习、身体、家庭情况，从各方面关心爱护他们，并给予必要的帮助。要重视与学生的日常友好相处，以自己的真诚之爱，来换取学生对历史学习的热爱，对历史学习的激情。

在教学中，我们要深入挖掘教材中的情感因素，要充分发挥历史学科的德育功能。如历史教材中，从"匈奴未灭，何以家还"的霍去病，到"人生自古谁无死，留取丹心照汗青"的文天祥；从顾炎武"天下兴亡，匹夫有责"的报国赤诚，到谭嗣同"甘愿为变法而喋血"的壮美情怀；尤其是"五四"以来，以中国共产党人为代表的千万革命者，历尽困苦、艰辛和磨难，为中国人民留下的惊天动地的不朽诗篇……中华民族在艰苦卓绝的光辉历程中涌现的可歌可泣的英雄豪杰、前赴后继的志士仁人以及他们所表现出来的美的品质、智慧和思想，对培养学生"为中华之崛起"而读书、"为人民之利益"而学习的高尚学习动机起着极其重要的作用。

锻炼学生学习的意志，使学生"勤"学

意志，是为了达到一定目的，自觉地组织自己的行动，并与克服困难相联系的一种心理过程。发展良好的意志品质是一个人完善个人性格的重要组成部分，良好的意志品质不仅对学生克服学习上的困难、达到人生目标有帮助，而且对国家和人民的事业也很有意义。美国"发明大王"爱迪生曾说："伟大人物最明显的标志，就是他坚强的意志。"历史教材中，具备坚强意志的美的形象比比皆是：从手执汉节十九年不降的苏武，到出生入死六次东渡的鉴真；

从布鲁诺坚持日心说，虽被宗教裁判所监禁七年而毫不动摇，到司马迁踏遍全国各地，历尽十年艰辛，虽受腐刑却矢志不渝，最终写成《史记》……他们闪光的心灵，不朽的人生，从他们身上学到了不畏困难去争取成功的坚强的意志品质。使学生从中受到启迪和鼓舞，从而树立追求真理、献身科学和报效祖国的远大志向。并将这种意志运用到历史学习中。

教师对学生的影响不仅体现在知识水平上，还反映在人格力量上。教师的人格因素对学生的心理发展具有重大影响。俄国教育家乌申斯基说："在教育工作中，一切都应建立在教师人格的基础上。因为只有从教师人格的活的源泉中才能涌现出教育的力量。"教师的态度、情感是提高课堂教学质量的重要因素。渊博、宽容、认真、有信心、有责任感等人格力量对课堂教学最有穿透性，也最有影响。

因此，作为教师在教育、辅导学生的同时，要加强自身心理状态的调适与人格的提升，用美好的心灵去塑造学生健康的心灵。教师本身良好的非智力因素既是出色完成学科教育工作的前提，又是学生学习的榜样，对学生起着潜移默化的教育作用。

总之，非智力因素对人的智力活动有着十分重要的作用。它可以补偿人在智力上的某些不足，又能推动人的智力潜能的充分发挥。因此，在教学中，教师要全面培养学生良好的非智力因素，从而更好地提高教学质量，提高学生的素质。

4. 提高学生学习兴趣的方法

减少孩子的抵触情绪

随着孩子年龄的增长，其独立意识越来越强，家长更应注重与孩子的交流。在交流中，家长应该注意：孩子的学习生活的确很苦，压力的确很大，这一点家长应该表示"认同"，要让孩子感觉到自己的付出得到了家长的认可。当抵触情绪大大减轻时，孩子就能更好地接受父母的教育。

加强教师责任感的教育

张老师称，家长有责任让孩子知道自己的学习责任。如在一个家庭中，父母和子女都有自己的责任，做子女的应该知道自己才是学习的主体，学习就是自己的事，所以不能要求父母去承担本该属于自己的责任，父母该干什么就干什么。当孩子有了高度的学习责任感时，他就会尽自己所能去搞好学习。

激发孩子的学习积极性

张老师强调，孩子是学习的主体。只有激发了他们的学习积极性，才能变"要我学"为"我要学"。激发学习积极性的方法有很多，家长可根据孩子的具体情况采取相应的方法。

（1）目标激励法

许多学生不会主动学习，就是因为学习生活漫无目标。为了激励自己，可以根据自己的学习情况确定适当的学习目标，在目标的激励下努力学习。目标的确定有讲究，目标过高难以实现，会挫伤积极性，对自己失去信心；目标过低，难以产生学习的内在动力。

（2）体验成就感

对孩子的学习，家长应重过程，轻结果。重视孩子学习的每一天，每一个学习环节的质量，重视知识掌握的过程。不要一味地盯着考试的分数。多鼓励，少指责，只有这样，孩子才会因学到知识而快乐。

（3）引进竞争机制

可以让孩子选择合适的竞争对手，开展学习竞赛，这样可以促进学习积极性地提高。同时，也能够增强克服学习困难的主动性，养成自主学习的习惯。

（4）培养意志力

"不经历风雨，怎么见彩虹？"要鼓励孩子敢吃苦，能吃苦，不怕困难，同时，家长还要给孩子做出榜样。家长可以不陪读，但要带头有追求，积极学习，遇到问题不要怨天尤人，要积极去想办法解决，不回避，在孩子的精神世界、人生观方面做好表率。

学习过程中的方法指导

如何指导学生进行自主学习？张老师提出了几点建议。

（1）制定可行的学习计划

一般而言，学习计划最好交由孩子制定，家长进行参谋；如果孩子太小，可由家长帮着制定。制定的学习计划要具体，越详尽越好，其中要确定学习内容、学习时间，要控制进度，并配上相应的监督措施。只有这样，学生执行、家长指导监督起来就比较容易。当孩子能够坚持按照计划行事，这种坚持成为习惯后，孩子就打开了自主学习的大门。

（2）选用合适的学习方法

学习方法很关键。预习、复习、总结、归纳都是有技巧可言的。学生可向老师或是学习得法的同学请教，借鉴经验，坚持去实施。但别人的好方法不一定都适合自己，学生在借鉴的过程中，要注意观察，能够促使自己进步的方法才是适合的方法，在借鉴他人方法的同时，可根据自身的情况来改善。

（3）鼓励学生的思维想象力

遇到难题，就四下求助，也是许多学生学习进步缓慢的原因。对于学生这样的行为，家长要告诉他：学习不是任务，而是一种锻炼思维的过程，通过思考解决难题就是锻炼过程。家长可引导孩子学会审题、学会筛选题干中的有用信息，旁敲侧击，鼓励孩子大胆尝试用各种方法去解决问题，不要一开始就帮孩子去解决问题。当孩子通过自主思维解答出了问题，家长应及时给予鼓励。

5. 激发学生学习科学兴趣的指导

在学科教学中，教师如能设法激起学生的兴趣，使之产生强烈的求知欲望，学生就能以饱满的情绪投入学习，并充分发挥主动精神，出色地完成学习任务；教学就能获得较大的成功。

通过满足学生的求知欲来引起兴趣

怎样使学生爱上科学课呢？怎样来激起学生高昂的学习情绪呢？首先要引起他们对知识强烈的渴求感。根据小学生爱新鲜、好奇心强这一特点，教师在每次教学新知识前，尽量设计一些学生觉得新鲜有趣的问题或安排一些新奇有趣的实验，使学生产生强烈的好奇心和求知欲，这样就能在最短的时间，把学生的注意力吸引过来，帮助他们高度集中地进入探求新知识的情境中来，提高教学新知识的效果。

如在教学"磁铁的性质"时，为了激发学生的学习兴趣，在上课一开始，老师做了一个小魔术——会走的回形针。首先老师竖放着一张白纸，在对着学生的一面纸放上回形针，背着学生的一面纸用磁铁吸引着回形针，并慢慢地移动磁铁，使回形针随意地走动。同学们，你们看一看回形针不但不会掉下来，而且还会走呢！真神奇呀！我把"神奇"两个字特别加重了语气。这一下，同学们的情绪可高涨了，一双双小眼睛紧盯着老师，流露出急切的神情。我不慌不忙的把纸的背面反过来，让同学们看到用条形磁铁遥控着回形针的走动。学生惊奇得瞪大了眼睛，有的禁不住发出了惊叹声。这时，教师说"回形针自如地走动的奥妙在哪里呢？通过这节课的学习，我们就能知道了。"短短2分钟的演示，通过诱发学生的好奇心，激起了他们的求知欲望，产生了学习的兴趣，我把同学们的注意力集中到新知识的学习上来了。

学生的求知欲被激发起来后，老师就要精心组织教学，或通过讲解，或通过实验、讨论等，及时帮助学生解决他们渴望知道的问题，尽量满足学生的求知欲，这是使学生对学科产生兴趣的一个很重要的方面。

通过组织饶有趣味的游戏来增强兴趣

爱游戏是孩子的天性。我们在贯彻愉快教学中，把游戏引进课堂，寓教学于游戏之中，让学生运用科学知识开展饶有趣味的游戏，同时在轻松愉快的游戏中进一步学习和掌握科学知识。

如在教学"杠杆"一课时，教师可以设计一个游戏"看谁力气大"。老师故意挑选了班上身材较高大的男同学与身材较瘦小的女同学作为对手。女同学胆小畏缩的样子，引起了同学们的哄堂大笑，都以为不用比赛，就能断定谁胜谁负了。力量悬殊的两位对手也不愿作比试，但在老师的激将动员后，要求男同学在接近门铰链处，把门往外推，让女孩子在远离门合页的门把手处，用力把门往里推。比赛开始前，老师用粉笔在门板的前后两面中间划上一条白线，要求参赛者双手都不能超越白线，看来极其公正。比赛结果，小女孩竟出乎意外地获胜，这是什么道理？同学们学习兴趣一下子激发起来了。

在科学教学中，教师要经常根据教材内容，设计各种游戏，提高学生学习科学的兴趣。孩子们在轻松愉快的游戏中，加深了对科学知识的理解。他们在学中玩，玩中学，学得有劲，玩得愉快，让学生能轻松地学习科学知识。

通过带领学生开展实践活动来发展兴趣

科学教师要充分利用班队活动的机会，结合科学教学，带领学生开展"认识大科学，热爱大科学"的实践活动，如采集标本，参观科学博物馆、动物园、苗圃、生态公园、科研劳动基地等。让学生在活动中接受教育，陶冶情操，传递知识信息，开阔视野，培养和激发学生爱科学，学科学，用科学的志趣和能力，进一步发展探求大科学奥妙的兴趣。

很多学生不喜欢学习植物方面的知识。的确这样，坐在教室里学根、茎、叶实在是够乏味的。但是当你把孩子们领到校园里，甚至到广阔的大科学中去学习植物知识，那就完全是另外一种情况了。配合少先队"美化校园"的活动，及劳动课带领学生在校园里栽花种菜，给植物挂上名牌。孩子们为了种好、介绍好这些植物，主动地去请教老师、询问园丁、翻阅书刊、查找生物辞典，从而学到了大量有关植物的知识，并提高了学习植物的兴趣。以后，他们不管到公园去，还是到田野去，或是在少儿营地活动时，都会注意观察植物，采集植物标本，主动学习有关植物的知识。

这种求知欲，单凭课堂枯燥乏味的教学是调动不起来的。对孩子们来说，大科学真是学习的好课堂。在田野里，可观察各种植物、小动物、小昆虫；在工地上，可以看到杠杆、滑轮、轮轴在工作；在公路上、铁路上，斜面、惯性、热胀冷缩的例子不胜枚举。孩子们在大科学的课堂中，容易理解和记住有关知识，还能为自己发现许多大科学中的奥秘而欣喜。这就进一步培养了学生热爱大科学、喜爱科学课的兴趣，提高了学生对科学现象的观察能力，就能较好地培养学生的实践能力、思维能力和创造能力。

通过开发儿童的创造思维来升华兴趣

学生要取得良好的学习效果，单凭兴趣还是不够的。教师有责任帮助每个孩子立志学好必要的科学知识。这方面，我们大力提倡创造精神，鼓励儿童动手创造，让孩子们有充分施展才能的机会，对升华孩子们热爱科学的兴趣，是起了一定作用的。当然，对学生的创造不能要求过高。只要不是一味重复别人的，而是具有个人独创性的想象、制作、结论、回答，甚至疑问，哪怕是幼稚可笑的，都可看作是孩子们的创造，都应给予鼓励和肯定。

例如，学习了《月相变化及其成因》这一课以后，开展了一次"我到月球去"的假想旅行。学生以书上学到的知识为依据，结合电视、画报、书刊上了解的知识，展开想象的翅膀，创造性地描绘了到月球旅行的有趣过程。又如在区分清水和食盐水这一课时，孩子们除了掌握了书上讲到的方法外，又想出了养鱼、浇花、导电等各种方法，每一种方法都闪耀着孩子们创造思维的火花。同学们体会到科学知识与生产、生活的关系是多么密切。由于老师注意培养儿童创造思维，鼓励儿童去想象，学生的积极性便被调动起来。

当然，儿童的见解并非每次都是正确的，偏差和错误是常常出现的。这时候老师不要轻易地否定他们，不要挫伤他们的积极性，而要鼓励他们进一步思考，继续创造。

兴趣，是学生学习的内在动力；兴趣是最好的老师。在教学中，重视培养学生的学习兴趣，常常能收到事半功倍之效。这应当是减轻学生学习负担的一个值得深入研究的问题。

6. 指导学生学习政治的方法

兴趣是人爱好某种事物的一种带有肯定情绪的意识倾向，是学生学习的内在动力，是关系课堂教学成败的重要因素。政治学科的理论性较强。不仅要求学生熟记各种条款，也要求他们能灵活运用其分析问题，注重抽象的学习层面。政治教师要更新教学理念，改变传统的教学模式，通过采取有效的教学措施，培养学生的学习兴趣。苏霍姆林斯基说："任何一个优秀的教师，他必然是一个善于激起学生对自己的课程感兴趣，确立自己课程吸引力的教师。"那么，在中学思想政治课教学中教师应怎样培养学生的学习兴趣呢？

融洽的情感氛围激发学习兴趣

教师与学生在知识传授的互动中形成了非智力的沟通，形成了师生之间人际关系的情感互动。融洽的师生关系能够让学生积极地投入学习，增强学习的兴趣。教师和学生之间能否建立和谐、融洽的师生关系，直接影响着教学目标的实现与否。所谓"亲其师，信其道"，如果学生对某位教师有好感，他们便对这位教师的课感兴趣，肯下功夫学好这门课。

作为中学政治教师，要热爱自己所教的学生。师爱是教育的本质。特级教师于漪曾经说过："要真心实意地爱学生。热爱学生是人民教师的天职，我们要把热爱事业、热爱未来的强烈感情倾注到教育对象身上，对他们满腔热情满腔爱。没有爱，可以说也就谈不上教育。"师爱是打开学生心灵大门的钥匙，是教学能否成功的关键。教师要放下"师道尊严"的陈旧思想，不能摆出高高在上的权威面孔；要在人格上充分尊重学生，具有亲和力。

教师要和学生站在同一层面和他们沟通，民主地对待学生。言谈举止让学生感到如沐春风，教师才能把学生的注意力吸引到自己的周围，缩小师生之间的距离，增进师生地沟通。教师亲近学生，学生才能亲近教师，才能信其道。师生之间富有情感的课堂教学活动，让课堂气氛活泼，学生感到学习的愉悦。师生达成教与学的共识，唤起学生的学习兴趣和积极性。

探究式学习过程引导学生的学习兴趣

传统的课堂教学，过分关注教师的主导地位，多是"一言堂，满堂灌"的教学形式。学生没有参与课堂教学，没有融入与教师的互动中，是被动接受式的学习。新课程改革的深入，将提高学生的学习能力放在了首要教学位置，教师要发挥学生的主体地位，让学生开展探究式地学习。

教师首先要转变角色，改变以往包揽式的课堂教学，成为学生的指导者、启发者和合作者，让学生成为课堂学习的主人，以建立新的教学方式促进学生学习方式的变革。引导学生在探究的活动中，体验科学探究的乐趣，学习和掌握科学的探究方法，激发学生的学习积极性，使每个学生都能得到充分的发展。美国未来学家阿尔文·托夫勒认为："未来的文盲不再是不识字的人，而是没有学会学习的人。"作为教师，教学的目的不仅仅是使学生掌握知识，更重要的是教会学生学习的方法，使学生由"学会"变为"会学"。教师要让学生自主构建学习，"授人以渔'，给予学生学习方法的指导，让学生进行自我思考探究，掌握学习的规律，提高学生的学习能力。

（1）鼓励学生质疑提问

质疑来源于探究学习过程的深入。学生遇到认知矛盾，产生疑惑，就会有问题。没有问题的学习不能产生思考的行为。教师要在不断地质疑中调动学生探究知识的兴趣，激发学生探索问题的热情。

质疑是调动学生兴趣的重要手段，它能使学生处于"心愤愤，口悱悱"的状态，从而造成强烈的求知欲望，点燃思维的火花。教师要让学生带着问题意识进入学习，多问几个为什么，使学生独立思考，自主学习，从而提高学生提出问题、分析问题、解决问题的能力。

教师要引导学生质疑，在教学内容的重点和难点处质疑。教学内容能否成功地传授给学生，很大程度上取决于教师对本节内容重点、难点的把握。有教学经验的教师往往在备课时就非常注意对重点、难点教学方法的选择，而在重点、难点的教学上恰当地设疑则能起到事半功倍之效。

教师应在关键处设疑。关键处设疑能对教学内容起到承上启下的作用，激发学生良好的学习状态。学生的质疑可以集中注意力，反馈教学信息，深化学生的思考方向，扩大思维广度，提高思维层次，可以让学生学会如何学习、如何思考。作为中学政治教师，不仅要激发和保持学生的好奇心，更要认真地解决学生所提出的问题。

（2）运用现代信息技术

传统教学中依靠教师的板书和讲解，让学生对政治学科的抽象理论感到空洞，没有学习的兴趣。多媒体以其声音、图像、动画和视频等特点，形象、生动地表达了教学内容，给予学生感官的冲击力，增强了学生的感性思维，提高了理解力。多媒体增大了学生的学习信息量，开阔了学生的视野，拓展了他们的思维。

教师根据教学内容收集国际和国内的大事、要事、社会热点和焦点问题，把网上最新时政及时引入课堂，增加信息量和时效性，提高思想政治课教育的说服力，就有利于学生对知识的掌握。学生可以自己上网查找相关的学习资料，在动手操作中自主探究学习。信息技术让学生感受到学习的乐趣，在寓教于乐中以变苦学为乐学，变厌学为愿学，变被动学习为主动、创造性地学习，使学生的思维被充分调动起来。

（3）融合生活化的教学

新课程改革强调"植根于学生的生活世界，关注学生现实生活，引导学生不断超越现实生活，改善当下生存状态，以提升生活质量为主旨的教学状态。通过教学，能使师生的课堂生活丰满，充盈学生生活经历，丰富学生情感体验，能为学生的可持续发展奠定良好的基础。"政治课本的教材有一定的局限性，学生的抽象理解和学习与现实生活有差距，跟不上社会日新月异地变化节奏。教师就应该将学生的生活与学习结合起来，让学生熟知并亲近现实的生活，让政治走进学生视野，让生活进入政治课堂，使教材变得具体、直观。

总之，学生的学习兴趣是在学习过程中逐步培养的。教师的课堂教学要激发学生的学习兴趣，让学生主动参与到课堂教学中，形成教学的统一。教师要改革课堂教学，运用多样化的教学方式，为学生营造兴趣盎然的学习环境，让学生感受学习的乐趣，提高学习的效果。

7. 指导学生学习语文的方法

语文是鲜活的文化符号，是灵动的生命载体。而语文课则是传承文化、高扬生命风帆的舞台。针对当前中学生普遍对语文课兴趣不高的现状，仁文研究分析了学生学习语文的消极心理及成因，并探索相应的改进措施，以激发中学生热爱语文课的兴趣。

语文课是一门综合性极强的学科。它既是学好其它各门学科的基础，又是构建整体科学文化大厦的基础之基础，也是人类社会重要交际工具和思想交流不可缺少的手段。但是，在日常教学中，喜欢语文课的学生屈指可数，对数理化的热爱却是趋之若鹜。要让学生们热爱语文课，关键在于教师用什么教学方法来引导和激励学生对语文产生浓厚的兴趣。现如今，我结合多年的语文教学实践经验，对目前我校初中学生学习语文的消极心理及成因作一些调研和分析，并试图探索找到解决这些问题的方法。

学生不喜爱语文课的具体表现

（1）漠视语文

漠视语文的学生表现为对语文的学习抱无所谓态度。他们常常是上课想听就听，不想听就不听；课后作业有时间就做，没时间就不做。特别是语文基本功较好的学生，认为语文过去学得不错，可以先放一放，把大量的学习时间放在其他科目上，直到考试临近再搞突击。于是，这部分学生就认为语文可学可不学，就会产生学得再认真，在考试中也考不到数理化那样的高分，不认真学，分数也低不到哪儿去的思想。

（2）应付老师

平衡自己，迫于中考考试和老师的压力，一部分学生对语文的态度比冷漠型要积极些，但也只仅仅是应付，并没有明确的学习目标和学习计划，只满足于上课听讲，课后完成老师布置的书面作业。他们从不对语文学习中出现的问题作积极地思考，从不对学过的知识进行系统地归纳和总结，更谈不上读一些课外书籍。语文学习始终处于一种被动的状态。

（3）担忧焦虑

有部分学生由于基本功差和学习方法不当等原因，尽管在学习上付出了一定的努力，但考试成绩仍不见明显提高甚至出现倒退或者滑坡。于是，他们便对语文的学习失去了信心，对能否学好语文产生忧虑。随着考试地临近，心情又极度紧张。到考试时不能集中注意力，知觉范围变窄，思维刻板，情绪慌乱，无法发挥正常水平。

（4）投机取巧

有些学生不是不能学好语文，而是认为初中语文考试不考课本，试题全部来自课外，抱着投机取巧的心理，大搞题海战术。今天一套资料，明天一套试题，见题就做，企图能够"碰"上中考试题，对老师提出的多读文章、培养语感的要求充耳不闻。还有一些学生，试题和资料也不做，他们抱着"我聪明"、"碰运气"的心理，等到考场"超常发挥"。

学生不喜欢语文课的成因

（1）认识的偏差

语文学科的教学目标是培养学生的听、说、读、写能力。而这些能力地提高需要学生一个一个词语地积累、一篇一篇文章地阅读、一次一次说话地练习、一个一个片断地写作，日积月累。有些学生对语文学科的特点缺乏充分地认识，认为上课听听、课后做做练习就可以提高，不注意观察生活，不读课外读物。有的学生不能认识语文成绩提高的渐进性，较之其它学科，中考语文更侧重于能力地考查，而能力的高低是综合素质的表现，不是一朝一夕能够奏效的，这就是所说的"渐进性"。有些学生的功利心太强，一旦努力没有效果，马上就打退堂鼓，自暴自弃，殊不知一旦抛开语文不学，或不能坚持不懈地学习，很快就会看出退步来，所谓"逆水行舟，不进则退"就是这个道理。还有的学生不能认识课内和课外的关系，认为目前中考命题材料几乎全部取自课外，课本作用不大。于是对复习资料倍加青睐，把语文课本束之高阁。殊不知，"教材是个例子"，中考试题与教材的关系是"流"与"源"的关系，正所谓"题目在课外，答案在课内"。

（2）自我调适能力差

学生偏科，因素很多。进入初中，产生偏科，重理轻文，则主要是因为理科的试题透明度高，答案标准，成就感强。而文科的题目透明度低，答案模糊，就是花了时间做了，也不知对否。特别是写作类试题，有时是绞尽脑汁、搜肠刮肚写出来的，自认为不错，常常因偏题等原因被老师判为不及格。与其这样吃力不讨好，还不如去解理科试题。就是喜欢文科的同学也宁可花时间在政治、历史上，因为这些学科投入少、见效快。在这种心态下，一些原本对语文感兴趣、语文学得较好的学生也会慢慢对语文学习失去了热情。再加上考试复习阶段，各科老师都感到课时紧，任务重，往往通过发资料、做作业的方式挤占学生的课余时间，使得学生的大部分课外时间都忙于完成这些需要上交的书面作业，不知不觉就把"语文学习要多读书"这些无需上交的"软作业"抛到九霄云外了。

让学生喜欢语文课的方法

（1）用自己的魅力去感染学生

老师应该让学生感受到你应有的人格魅力和你对语文学科的热爱。要想让学生喜欢语文，教师首先必须是语文的爱好者，并有着较为扎实的语文功底和宽厚的文化积累。只有这样，才可能"厚积而薄发"，才可能吸引学生、感染学生。

为此，教师要特别注重理论学习，努力提高自身的文学修养，努力以美的教学语言去感染学生，注重平时和学生交谈时的语言美。在学生的作文本上也可以经常写上这样的话："老师希望你吃得苦中苦，成为人上人。"学生显然对这些名言、古诗是非常感兴趣的，在我的感召之下，他们也逐渐开始积累名句。

（2）做学生的好朋友

"亲其师信其道"，要想让学生亲近语文，首先语文老师要亲近学生，做学生的朋友，以感情打动学生，从而使他们对教师所教之课产生兴趣，变得喜欢语文课。

（3）师生平等的关系

在赏识教育中，老师和学生的关系是平等的。师生只有建立民主平等的关系，学生才能充满信心，思维才有可能被激活，才可能敢于提出问题，敢于质疑。这样，就为学生的积极主动参与创设了一个轻松愉悦、民主和谐的环境气氛。成功的教学依赖于一种和谐安全的课堂气氛，这种气氛的建立需借助一些手段，如温柔的目光，亲切地抚摸，殷切地希望，加强师生间的情感交流，使学生更加依赖老师，从而激起学生更大的学习热情，这是学生学好语文的关键所在。

（4）相信学生的能力

罗森塔尔效应实验说：教师给学生自信，学生就会有高成就。教师对学生的相信是种巨大鼓舞力量。陶行知先生也这样忠告我们：你的教鞭下有瓦特，你的冷眼里有牛顿，你的讥笑中有爱迪生。作为老师，应该相信你身边的每个学生，因为每一个学生都具备成功的潜能。教师的作用，就是要相信学生，唤醒学生的自信。只有相信学生的每一点进步，学生才会有成功的希望。

（5）维护个性的发展

语文本身就是社会语文，教学中教师首先要有大语文观。在阅读教学中，还学生以学习和发展的地位，要珍视学生独特的感受、体验和理解。对于学生五花八门的答案，教师要充分肯定。即使学生回答的幼稚、肤浅，甚至片面、错误，教师也切忌一棒子打下去，而应当热情鼓励、引导、用心呵护熠熠生辉的思想火苗，这对学生的影响将是巨大的。让学生发展自己的思维，获得审美的体验，从而提高语文阅读的质量。

总之，语文教学的本位就是重积累、重感悟、重读书。我们每一位语文教师都应该努力把握住这一点，让每一堂语文课都上得有声有色，有情有趣，让学生真正地热爱语文，让语文课真正成为他们学习的乐园。

8. 指导学生热爱阅读的方法

常见的阅读教学模式是：文言文，老师讲解字词、翻译句子、归纳内容、分析写法；诗词，老师读读、讲讲、阐发、引申；现代文，老师根据文体特点加以分析、阐发、归纳；多媒体又为课文改造、引申、生发创造了另一个唯美的时空。老师的读、诵、演、导表现到极至，师生的单向对话交流或精彩迭出……但这些基本上是老师预设的程序，体现的是老师的积累与经验技能技巧，且老师主导的多是定论定评，真正属于学生自读、自悟的空间很少，学生自己读书的时间被老师的"架空分析"所剥夺，读书的自主性、创造力或多或少地打了折扣。

但老师的"主导"作用发挥到如此无以复加的地步，而实际教学结果却是老师教得苦、学生学得苦，语文课"少慢差费"，几乎成了学生最不喜欢的学科。按照新课程的理念，让学生成为真正意义上学习的主人，教师作为学生解读文本、建构意义的帮助者，让学生学会自主阅读，将成为每一个语文教师的必然选择。

自主阅读的主要内容

自主阅读最本质的特点，是一篇阅读文章教学任务的完成。主要应该是作为个体的学生和作为群体的学生自主读书、自主解读、自主鉴赏、自主批判、自主感悟、自主创造的结果。

（1）自主读书

学生有真正直接感知文章原作的自主认读权。或一目十行、或通读浏览、或忘情诵读、或咀嚼品味，真正整体把握文章内容、亲密接触原作的原汁原味、产生自己的初步印象或想法，而不是对原作还不知就里，就被老师的种种堪称学养深厚的评价和堪称独具匠

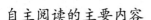

心的问题弄得云遮雾罩。

（2）自主解读

学生有凭自己的知识积累和占有的材料来理解文章内容和形式上的特点、建构文章意义的自主理解权。从篇章结构、表达技巧到一词一句、主旨意蕴，哪怕是荒诞不经、令人啼笑皆非的"误读"，也能为更深入地领悟他人精妙的解读铺垫"阅读期待"，才能吸收更精准、更独到的感悟；而不是思考的种子刚待发芽就被铺天盖地的真理般的结论压折，导致不敢思考、害怕解读，只会人云亦云。

（3）自主鉴赏

学生通过语言文字的媒介，获得对文章思想内容和艺术形式的具体体验和感受，获得审美享受的自主赏析权。获得审美愉悦是人们进行阅读活动的动机之一，千筛万选的精品课文理所当然应该给乐于体验的学生审美享受，让学生获得是非美丑的情感体验，从而进一步产生鉴赏冲动。在此基础上，教师以自己更加成熟、更加睿智的感悟平等地与学生交流碰撞，学生自然会获得更高层次的情感高峰体验，很多东西就会成为学生生命活动的一部分，内化为精神的血肉。而不是相反，审美愉悦被"强行灌输"和"被动接受"的莫名烦恼与压抑所剥夺。

（4）自主批判

前面都是"入书"，是敬重作品的"仰视式"阅读。要求读者深入作品，贴近作者，"见得亲切"；自主评判则是"出书"，是裁判作品的"俯视式"阅读。它要求学生跳出作品，与作者保持距离，对文本的是非、优劣、美丑作出客观、冷静、不杂情感、不带成见的理智判断和价值评估，以便"用得透脱"。只有学生独立地凭借自己的主观意志评判，才是真正意义上的自主批判。

（5）自主感悟

学生依自己的阅历见识，由课文内容联想、生发带有浓厚个性色彩的经验体会心得，有的可能终生受用。显然这也是阅读的目的所在，到这个时候，我们最好心的老师想包办也是不大可能了。

（6）自主创造

学生由阅读原作产生强烈的冲动，产生要表达、要行动的一系列实践活动。比如，主动找人交流，眉飞色舞；或当即写下感受，迅笔疾书；或开展打下原作印记的行动。这种由好书好文所产生的神奇的精神力量所变成的物质力量，这种积极的自主创造，当然是我们为师者梦寐以求的了。

这六个环节是按照阅读的自然进程，按由低到高的层次排列起来的。不管我们老师自己的积累有多厚、水平有多高、爱心有多强，请拿出办法挤出时间，尽最大可能让学生自主阅读，而不是光顾自己在那里宣泄。那才是真正以学生为主体，才是真正尊重学生、理解学生、热爱学生。

实施自主阅读的方法

实施自主阅读，教师首先要充分相信学生，相信学生的理解力、判断力、自控力，相信学生的智慧、潜能、才情，宁可高看学生一眼，不能低估学生一分。尤其是高中生，智力心理正处在人生的上升期、关键期，有着蓬勃的朝气旺盛的生命力，差不多掌握了汉语的语法知识和语文阅读的知识、技法，欠缺的只是更广博一点的视野、更精深一点的专业技能。因此，教师要摆正自己的角色定位。学生的发展归根结底是学生自己去完成的，教师不应该是"主"，而应该是"助"，不要什么都替学生包办，而只做学生在具体时空条件下还难以做到的事，比如为学生"选料子、指路子、教点子"。

（1）选料子

学生一节课所完成的一篇文章，一个学期所学完的一册教材，需要读哪些书，老师要能鸟瞰，能开书目；时下有哪些精妙时文、新版图书，教师要有数，能及时推荐；学生之间、班级年级校际之间、周边生活环境，有些什么值得导入教学的文章、事件，教师要能洞察，能开讲。

（2）指路子

一个学期如何自主完成一本书的学习，如何自主预习、学习、讨论、交流、命题、训练，是摆在学生面前的大难题。老师要帮助学生找到高效完成任务的门径，帮助学生建立起组织系统———有主持人的学习小组，主持人选出大组长，大组长选出科代表。这个金字塔结构就保证了自主阅读的完成有人负责、有人落实，如手使臂，如臂使指。一个班就是一个组织，而不是一盘散沙，便于教师从站立姿势、讲话要求、学习习惯、学习方法、做人做事等等细微末节方面去训练、培养、雕刻学生。一些老师搞自主阅读之所以往往不了了之，总觉得学生不配合，费时低效，感到难度太大，不如自己讲省事，就是因为没有建立起这个让学生自主管理的结构。

（3）教点子

当学生遇到障碍，感到迷惑、茫然无措时，作为知识上的过来人、人生路上的先行者，老师的专业积累，"为师"的功夫，必要的"助学"作用就显示出来了。教给学生解决困难的点子，冲刺学习与人生更高峰的点子，克服心理障碍的点子……具体到语文课堂，老师还要多做一项非做不可的工作，那就是要透彻了解，充分预测各个小组。

9. 指导学生学习数学的方法

学生的学习兴趣不仅直接影响学习的质量，而且从某种意义上说，它对人的一生都起着重要的作用。《论语》中指出："知之者不如好之者，好之者不如乐之者。"清代王筠说："读书虽不如嬉戏乐，然书中得有乐趣亦相从矣。"难怪有人说："兴趣真是一种神奇的力量，它能让人从平淡中发现瑰丽，从困难中愤然而起，它能赋人以热情和毅力，它能增加人的勇气和信心。"培养学生学习数学的兴趣可以从以下几方面入手。

创造学习应用机会，培养学习的兴趣

小学生对于学习数学很可能会感到枯燥无味。教师如果从多方面启发，并通过演算题目，使学生了解到数学与自然科学、工程技术、经济建设及日常生活有着密切的关系，对学生可以直接应用的数学知识、技能，尽可能地创造实地应用的机会，那么学生就感到学习数学的必要，从而产生学习兴趣。例如，教学"统计和可能性"这部分内容，可以联系学生的生活实际，从学生感兴趣的事件引入，请学生调查了解好朋友的出生年月日，或者好朋友喜欢吃的水果、喜爱的体育运动等。在调查的基础上，填写统计表，绘制统计图，学生的学习兴趣就会被调动起来。

通过这样的活动，加深了学生对数学知识的理解，使学生了解到生活离不开数学知识，培养了学生分析问题、解决问题的能力，在学用结合上激发了学生的学习兴趣。

引导学生动手操作，培养学习的兴趣

教师在教学时必须创造条件，让学生动手操作。通过摆弄学具，帮助学生获取知识，解决问题。例如，在教学"圆锥的体积"的课堂活动中，可以给每组的同学提供等底等高的圆柱容器和圆锥容器各一个，让他们动手量一量圆柱容器的水是圆锥容器的几倍。操作完成后，再让他们自己交流、归纳，说一说圆柱和圆锥体积之间的联系，进而推导出圆锥体的体积计算公式。像这种有针对性地引导

学生进行动手操作，既促进了学生的思维发展，又使他们享受到通过动手操作，经历圆锥体积计算公式的形成过程，获取知识的乐趣，也激发了学生学习数学的兴趣。

创设问题情境，激发学习的兴趣

苏霍姆林斯基认为："接近和深挖事物本质及其因果关系的实质，这一过程本身就是兴趣的主要源泉。"教师在教学中，要充分发挥教材中内在的潜力作用，创设情境，激发学生的学习兴趣。

例如，在五年级下册"数的乘除"这一单元中，在教学"能被3整除的数的特征"时，向学生介绍说："能被2、5整除的数的特征"只看数的个位，那能被3整除的数也看个位，行吗？"让学生验证发现：3的倍数的个位数各种情况都有，显然不能再用看"个位的方法"来判断，再告诉学生："老师有一个判断的'法宝'，随便哪位同学站起来说出一个任意数，我都能迅速判断出来，能否被3整除，可请同学们说出大一点的数，考考老师，看是否有效？"听我这么一说，他们争先恐后地出题考我，我立即报出答案，并请同学们加以检验，结果准确无误。这时我话锋一转，进入新课，他们马上会兴趣倍增地进入新知的学习。

在教学中根据学生好奇的心理特点，给学生设置一个个悬念，他们一定会探索其中的缘由。这样不仅给学生创设问题情境，又让学生主动参与到活动中来，有利于激发学生的求知欲望，调动学习兴趣。

开展竞赛活动，提高学习的兴趣

开展多种形式的竞赛活动，是提高学生学习兴趣的必要手段之一。如在教学"能被3整除的数的特征"后，可以让学生做一个竞赛游戏，看谁能先抢到51。规则是这样的：每人每次只能数1～2个数，看谁能最后数到51，抢到51的人为胜者。可以先请一个学生和老师比赛，为了公平，进行三局两胜制，看谁能先抢到51，先让学生选是先数还是后数。当比赛进行到第三局的时候，就有学生在下面说了，要先抢到48，抢到48就可以获胜，但怎样才能先抢到48呢？这时学生们就已经在思考这个问题了，对学习数学就产生了很浓厚的兴趣，提高了学习数学的兴趣。

开展课外活动，增强学习的兴趣

让学生在课外丰富多彩、兴趣盎然的数学活动中，既增强学习数学的兴趣，又扩大了知识面。

（1）自编数学小报

这项内容适合中高年级。小报的内容可以是学生自己谈学数学的体会，平时的错例，数学趣题，也可以转载其他数学报的文章。一般两三个同学合作完成，他们共同设计，然后分工抄写、美化。在完成一张小报编制的过程中，既要考虑内容的可读性、趣味性，又要考虑排版新颖、巧妙，整体效果别具一格，这一切处处渗透着创新。

（2）数学故事会

爱听故事是儿童的天性。让学生利用课余时间去收集数学童话故事、数学家的故事不是件难事。再把收集来的故事讲给其他同学听。在讲故事、听故事的过程中，同学们增长了知识，训练了思维，接受思想品德的教育，也锻炼了口才，不失是件一举多得的好事。同时，也可采用自编数学故事和续编数学故事的方法。教师提供一些材料或一幅图画，让学生充分地展开想象，编出一段小故事。不管是自编、续编还是新编，均要求学生大胆想象，大胆创新，这无疑能解放孩子的大脑、嘴巴，是培养学生创新素质的有效手段。

（3）课外制作活动

都说现在的孩子是高分低能，动手能力差。现在孩子们有了多余的时间，可结合课堂教学，让孩子动手制作七巧板，拼成美丽的图案。

(4) 参观访问调查

在我们身边有许多数学问题，不少学生却感受不到。让学生去参观访问一些企业，一些专业户，看看数学在生活中的作用，有利于解放孩子的空间，提高学生解决实际问题的能力。比如带学生去访问养鱼专业户，参观他们的鱼塘，听他们介绍养鱼中要用到哪些数学知识，如饲料地配置，鱼塘面积和养鱼尾数的关系，利润计算等。同时让学生帮专业户出谋划策，怎样可减少成本，提高利润。或者让学生对自己或邻居家这几年年收入进行调查统计，再进行分析。让学生真切体会到数学与生活密切相关。

总之，兴趣是学生最好的老师。学生只有对数学学科感兴趣，才能学好数学。因此，我们在数学教学中要千方百计调动学生的积极性，激发学生学习的兴趣，发展学生的思维，使学生在乐学中学会知识，达到课堂教学的最佳效果。

10. 培养学生热爱英语的方法

如果学生对哪门学科感兴趣，那么教师就不必担心学生学不好本门学科。在学校里，每位教师都在尽量唤起学生对自己所教学科的兴趣，使他们入迷地酷爱这门学科。那我们英语老师如何才能实现这个目标呢？

教师要树立自己的形象，让学生尊敬自己

老师要想赢得学生的尊敬，必须主动接近学生，了解学情。要热爱本职工作，认真备课，上好每一节课，把自己所有的知识全部传授给每一位学生。作为一名英语教师，在语言表达中既要注意准确性，又要使其富于艺术性，要有感召力。还应讲究语音，语调，节奏的抑扬顿挫，要会用恰当的肢体语言渲染气氛，使其能够更加强烈地吸引学生。一名优秀的英语教师，要能像演员一样会表演，能够在什么道具都没有的情况下，把学生的心紧紧抓住，这是教师魅力的表现。从而让学生感到自己不是在上课，而是在表演。

例如，教《Can you play guitar?》时，老师先进行动作表演：dance，swim，sing，play guitar——，让学生猜，并用英语表达出来。然后让学生学着老师的样子表演动作，其他同学猜。因为有的动作很滑稽，逗得全班同学哄堂大笑。然后出示句型：A：Can you——？B：Yes，I can. ／No，I can't. 让同学们两人一组操练句型，一人做动作，一人猜。这样做动作吸引了大家的注意力，也调动了学生的积极性。

教师要和学生建立一种良好的师生关系

良好的师生关系是保证完成教学任务的重要条件。教学中应树立民主平等的师生关系，创造和谐轻松的学习氛围，使学生对老师产生信任感、亲近感、亲切感。让学生们感觉老师和学生是平等的伙伴，而不是高高在上的人。每个班级学生的成绩都参差不齐，教师的爱心不仅体现在优秀学生身上，更要倾注在"学困生"身上。让班上每位学生都在课堂中有收获，都能感受到老师的关心。

学会调动学生的积极性，发挥学生的主导作用

体现学生的主体地位，老师只是学生的引导者和帮助者。教《Do you have a soccer ball?》时，让学生提前准备一些体育用品和方便带的物品。学生们拿的物品各种各样。上课前先让他们学会用英语说出自己物品的名字，没学过的自己查字典学会。这样不仅扩大了学生的词汇量，而且也调动了学生的积极性。大家争先恐后展示

自己的物品，然后老师出示句型：A：Do you have——？B：Yes, I have. ／No, I haven' t. 同学们用这些物品分组练习，大家热情很高，教室顿时充满了英语对话声。然后找几组同学展示自己的对话，同学们争先恐后展示。直到下课，大家仍然兴趣盎然地问答。本节课每位同学都参加了表演，都是课堂大舞台的演员，而且课后还意犹未尽。

通过我们英语老师的摸索学习，能让我们的学生热爱英语，享受英语，在快乐中学习英语。达到这种学习境界，还怕学生学不会英语吗？

11. 指导学生热爱生物的方法

初中阶段的生物在众多科目中处于"次科"的地位。学生对这一门学科的重视程度不够，导致学习热情不高。这种现状为教师的教学提高了难度。

学习效果的好坏，与学习热情是密切相关的。学习热情高涨，学习积极性就高，更能使其把学习当作一件愉快的事来享受。全身心投入，学习效果就会明显提高，必能达到最佳的境界。

作为一名生物教师，为了使自己所讲的知识能让学生乐于接受，应从学生的兴趣和思想着手，让学生知道当前学习的内容与现实生活及应用领域的关系，从而知道学习这一学科的重要性，这就要求我们必须让学生明白现在的学习是为适应和改造未来的生活做准备的。只有激发学生的学习热情，培养学生的学习兴趣，才能由被动变为主动，才能发挥学生的主观能动性。如果我们在教学中一味地采取"满堂灌"的强制性教学，让学生处于被动地接受状态，学生就会感到枯燥无味，只是为了考试成绩而强迫记忆。

理论与现实生活脱节，只知道背诵，而不知道应用。这种状况，成绩再好，也只不过是"死读书。读死书"，试考完了，随着时间的流逝，脑海里残留的记忆也随之消失，跟没学习过一样，没有一点效果。如果是热情高涨、理解记忆，就能达到事半功倍的效果。那么，如何通过教学来充分提高学生学习生物的热情呢？

培养学生重视生物科学的兴趣

课堂与生活实际相结合。兴趣是最好的老师，调动学生学习生物的热情就是要培养学生热爱生物科学的思想感情和探索生命科学规律的兴趣。

在初一上第一节生物课的时候，我们教师除了可以用富有激情和形象生动的语言向学生描绘一个绚丽多彩、奥妙无穷的生物世界外，还要使学生明白，学习生物不是为了考试，而是为了了解自己和周围的环境，以及在我们的家园——地球存在的生命现象。

解释有关于生命的基本问题，联系我们周围存在的问题，如：农业生产，家庭保健，生老病死，环境污染等，告诉学生生物与医学的关系，学好了生物就是"半个"医生；介绍当前生物学领域的前沿技术和进展，如：基因工程，器官移植等，使同学们充分认识到生命科学的进步与人类社会发展的密切关系，意识到生物的重要性和实用性；接着可介绍我国科学工作者在生物学领域中取得的突出成绩，如1965年，在世界上首次合成了具有生物活性的结晶牛胰岛素，1999年成功克隆大熊猫胚胎；超级杂交水稻的培育，完成人类基因组计划中1%的测序任务等等。说明中国人完全有能力，走在生物学研究的世界前列，我们后来人通过努力必须要而且也一定能学好生物这门学科。

如世界杂交水稻之父袁隆平，获中国最高科学奖500万，杂交水稻的成功使世界25%的人口解决温饱问题；又如中国遗传学家谈家桢，他对果蝇进化遗传学研究促进了"现代综合进化论"的形成，1946年，在亚洲异色瓢虫中发现色斑嵌镶显性遗传现象，受到国际遗传学界的重视，1985年被美国科学院授予国外院士称号。他们能取得这样的成果，无一不是从最基本的生物学起的。

这样旁征博引、深入浅出，将课堂与生活实际结合起来，使学生整个身心都融于生生不息、奥秘无穷的生物界之中，从而培养学生对生物科学的热情，激发学生学习生物科的兴趣。

运用多媒体教学培养学习的兴趣

丰富学生的感性认识，是提高学生学习热情的一个重要因素。利用多媒体进行形象化教学，充分发挥学生的形象思维能力，促进抽象思维能力的提高。如《细胞的结构和功能》这部分的内容涉及到抽象概念及微观领域的理论非常多。对于初中学生来说，由于直观的感性认识，理解这部分知识有一定困难。教师可以在上课时运用多媒体放映细胞的各种结构，并配上文字说明各个结构的功能及对动植物作用，以重叠渐进的方式出现，它能引起学生的注意，便于学生的大脑皮层迅速建立适宜的兴奋灶，形成感性认识，产生积极的思维活动；利于学生对知识的理解和记忆，从而为传授新知识扫清心理障碍，活跃了枯燥无味的课堂气氛。

利用多媒体动画技术，化微观为宏观，强化学生的理解能力。如讲《细胞分裂和分化》时通过动画来演示并分析细胞分裂和分化的全过程。讲《植物种子的萌发》时，通过动画来演示种子到植物实体的一个全过程。这些可以通过动画，把微观变为宏观，把平时肉眼难以观察变为直观，通过图像变化来观察整个演变过程，轻而易举地达到了加深理解、方便记忆的教学效果。

由此可见，合理地利用多媒体教学，它能将枯燥无味的课堂变得生动有趣，能将抽象难懂的理论变得形象可见，更能打破空间的界限，在微观世界体验生命的神奇，促使学生怀着极大的热情去探索这千姿百态的生物世界。

动手实验体验成功的乐趣

生物学是一门突出实验的自然科学，实验是生物学基本的研究方法。实验不仅可提高学生的学习兴趣，使学生掌握一定的技能，同时也培养了学生的动手能力、观察能力及分析问题和解决问题的能力，形成严谨的科学态度。

新教材除了在整个教学过程都渗透着探究学习的要求外，还独立设计了多个"探究活动"。因此要结合在校学生人数和生物实验室，本着易于开展探究实验的实际，我们教师在教学中尽力做到将能开的实验全都开齐、开全。

如在《洋葱头鳞片叶的临时玻片标本的制作》中，有些学生制作的标本在显微镜下竟然看不见，而同样的标本在一些同学的操作下却能观察得到。好胜的他们不服输，经过他们的数次操作，成功的喜悦浮在脸上，并从中得出不是物镜离标本越近，标本就越清晰的结论。

又如《绿叶在光下合成淀粉》的实验，需要学生自己准备材料才能做。须将暗处理两天后的蔬菜其中的两片叶子遮住再光照，学生都积极地参与进行，实验中由于选择的菜叶太大，隔水加热的酒精太少，结果酒精沸腾后很快挥发完，菜叶的叶绿素还没溶解完，使得实验失败。学生并不甘心，又一次次的将暗处理后的菜叶剪小，加热的酒精备多，直到得出正确的实验结果为止。

从上面的例子可以看出，探究活动不仅能培养学生争强好胜的心理，而且能激发学生对学习这一门学科的兴趣，从而提高学生的主动性与积极性。这样一来，不仅学生掌握现在的知识点，而且也为往后的学习奠定了基础。理论与实践相结合，不仅培养了学生的动手能力，而且也培养了学生的观察思考能力。

因此在平时的教学中应抓住初中学生活泼好动、争强好胜、思维活跃、求知欲强烈等特点，尽可能让学生在探究活动中掌握。同时，在探究活动中，培养了学生团队协作的精神及互相交流学习的能力。

他们在学习时，思维得到启发，不断地提出问题，并运用探究的方法，做出假设，制定实验方案，进行实验验证。把他们遇到的问题及解决方案在全班进行交流，共同分享成功的喜悦。正是在"做中学、学中做和学会做"的过程中调动了学生学习生物的热情。

另外，实验探究活动让学生有主动表达意见和表现自我的机会。有的学生组织能力强，他们能够把小组活动组织得有声有色；有的学生性格内向，适于写文档；有的学生则善于表达交流，负责活动后的小结；有的学生动手操作的能力极强，他们在实验方面的表现就很出色。所以要合理利用各个学生的长处，让每个学生在学习活动中都能充分发挥自己的优势，从而达到共同提高、共同进步的效果。能力提高的同时，也增强了学生对学好这一门学科的自信心。

总之，要调动学生学习生物的热情并不难，难的是教师肯不肯去想办法，是否愿意按照学生的实际情况、遵循教学的基本规律去调整充实提高自己的教学方法，转变教学观念，激发学生的学习兴趣，从而达到提高教学质量的目的。

12. 指导学生学习化学的方法

怎样使学生长时间保持强烈的学习兴趣？使学生从被动的学习状态转到主动学习？

充分发挥实验的作用

用实验激发浓厚的兴趣。初中化学第二章《氧气》是属于元素化合物内容，学习的是氧气单质及其化合物的性质及它们之间的相互关系知识。本章知识与生活实际和化学实验比较密切，而这是学生最感兴趣的地方。化学实验最能直接反映事物变化的规律，因此，教师要抓住这一特点，让学生尽可能地参与实验，想方设法给学生创造实验条件和动手机会，让学生在实验中锻炼能力，从实验中发现问题、解决问题并得出结论。

让学生自己动手演示实验，培养其实验能力。这样一方面可以使大部分学生积极参与教学活动，广泛调动他们学习的积极性，激发学习兴趣，同时也锻炼了学生的实验能力和胆识。

在实验中教师巧妙设置问题，使学生在实验中参与问题的发现，带着问题探索，引导学生从实验中解决问题，得出结论，找出规律。这样学生直接参与了实验，得出结论。就能自然地接受并记住所学知识，而不会生硬地死记结论，因而就增加了学习兴趣。

利用多种多样的教学方法

（1）创设问题情境，激发学生学习兴趣

例如：在讲授 O_2 性质时，向学生提出一些感兴趣又无法解决的问题：O_2 为什么能使带火星的木条复燃？水里的鱼为什么能够生存？需要少量的氧气时，我们可以用什么方法来制备？然后让学生带着这些问题去做实验、看书阅读讨论，进行求知探索，这样学起来就有兴趣了。

（2）注意对知识进行归纳对比

揭示物质间的内在联系，指导学生根据本章单元总结中的图表对知识进行归纳，使知识条理化，便于记忆。

（3）教学过程中要注意联系实际

中学生对于来自生活、自然和工农业生产的化学现象，极易产生探索的欲望和兴趣。例如，在本章中本人提出了一系列实际问题：

怎样证明钻石的成份是碳？燃烧的煤炉中有几种反应发生？怎样才能清洗水壶中的水垢……。在课堂教学中结合教材恰当的联系生活，联系生产实际，联系自然，使教学内容丰富多彩，生动活泼，从而激发了学生的学习兴趣。

（4）加强思维方法的训练

使学生逐渐学会运用已有知识解决问题，提高学习效率，使学生在成功解决问题中提高兴趣。

加大感情因素，热爱学生，学生是教学过程中的主体，不能把学生当作消极接受知识的贮存器，而是有情感、有性格的活生生个体，对学生多点关心，热爱学生，培养良好的师生关系，也有助于学生学习兴趣的提高。

13. 指导学生学习美术的方法

基于美术教育在提高与完善人的素质方面有独特的作用，美术教师在岗位上如何发挥好作用也必须重视起来，而如何能培养学生的学习兴趣又是美术课的关键所在。

在大力提倡素质教育的今天，人们越来越深刻地认识到美术教育在提高与完善人的素质方面所具有的独特作用。而在当代，美术的含义已经外延为"广泛形象表达的能力"和"一种视觉艺术"。美术教育事实上已经成为一个创造性的学科，在它的学习中更多的呈现出人的情感、态度、智慧与技术的品质。也就是说，"任何一个想要在某一学科达到一定深度的人都需要老子艺术与科学领域的基本技能。任何想要与其他自由教育的个体讨论的人也需要具备艺术和科学的常识。"

既然美术这样重要，那么教师在小学美术课程中如何带领学生很好地开展美术课就是最需要关注的，而如何能培养学生的学习兴趣又是美术课的关键所在。整理出下面几点。

教师本身就要热爱美术，勤于钻研

美国教育学家杰罗姆·布鲁纳说过：学习的最好刺激，乃是对所学材料的兴趣。教师本身就要非常热爱美术课，重视自身学习和研究美术范围内的东西，自己了解的多了再去影响他们就非常有说服力了。

具体操作时，可以经常制作课件和教具，让学生在自己理解的基础上再有很鲜明的比较和认识。把在美术范围内的东西都放在心上喜欢，这样再去影响他们就非常有说服力了。如在上第九课《学画山水画》的时候，课堂教学需要学生自己准备材料。可能有部分同学因为材料多而带不全，这个时候教师要充分调动他们的积极性。《论语》中孔子就说过："工欲善其事，必先利其器"，是说美术课上准备好工具材料的重要性。教师可以带来很多和本课有关的国画作品或者国画书，先上一课前奏课营造出气氛，让他们深切的感受到国粹水墨画的淋漓尽致的效果。那接下去一课带不全的人就很少，就算实在没带的也会想方设法去进行准备。在老师的重视和执着下分两课时来完成教学，孩子们会为了他们感兴趣的事而做出努力。

教师要经常鼓励，建立信心

威尔逊说过："要有自信，然后全力以赴——假如具有这种观念，任何事情十有八九都能成功。"而没有天生的信心，只有不断培养的信心，所以教师在教学过程中要多鼓励。

课堂中，身为主导的教师要主动去发现学生们的学习情况，这样才能给予最好的帮助。而在美术课中要求学生充分发挥想象力和创造力，不受教师太多的影响，学生能够自主地发挥个性、展现能力。在这样的情况下，教师能够给予的最好的帮助就是去相信他、鼓励他，对他们的劳动成果给予充分的肯定。切忌说"你真棒"之类的场面话，而要根据美术元素上来肯定。

如在第三课《抽象雕塑》中，教授只要告诉他们从自己感兴趣的某个角度出发，利用现有的材料（如黏土、铁丝、纸盒或铅笔等自己身边的东西）按照自己的构思进行制作，只要作品利益明确在造型上体现就可以了。制作过程中，会有同学忐忑地询问意见：这个想法好不好？我这样做可不可以等问题。教师回答都是对他们的想法及作品充分的肯定，因为这毕竟是他们自己意识流的东西，而且及时的肯定更有利于他们作品的继续创造，一小步的成功就是对他们的鼓励。正如盖兹所说："没有什么东西比成功更能鼓起进一步求成功的努力"。

教师要重视示范，个别辅导

学生很在乎教师的美术水平到底怎么样，教师要在一定程度上充分满足他们的需求和好奇心，可以经常示范或者出示自己的作品。在学生练习过程中，教师要通过到学生面前巡视，检查学生的作画步骤、方法、效果，及时发现学生存在的共性或个性问题，给予必要的、具体地指导。辅导要在示范和点拨两方面进行。示范中教师的讲授十分重要，着重在重点和难点上，且要在方法上启发他们有自己的想法而并不是照抄老师的。现代多媒体教学条件的运用为传统的教学示范在形式与效果上都可以带来极大的改变，利用课件的形式我们可以把需示范的要点、激发、步骤、讲解、说明等进行非常有效地整合与创意，以使示范更形象、明确、直观、高效，充分地激发学生学习的兴趣。

如在第五课《静物写生》中，可以先出示教师的作品进行美术元素上的讲解，用课件的形式告诉他们先大胆落笔画出物体的大关系，注意好构图，然后才是描绘局部并进行艺术的加工取舍。而在学生作业的时候教师可以进行个别辅导或者小范围内讲解，不要用画的像不像去束缚学生，而是要告诉他们作为艺术作品不能原封不动的照搬照抄，而应该有取舍和提炼加工。这样的辅导方式不仅可以引导他们发挥自己个性上的优点并体现到作品中去，使他们的作品具有一种特质的个性美，而且还可以让教师和学生之间拉近距离。当他们喜欢上热爱美术的老师之后，学习美术的热情也会进一步升温的。

教师要让学生展示自我，收获快乐

美国心理学家詹姆斯说："人最本质的需要是渴望被肯定。"学生会因为作品被展览、被班级同学们充分肯定而体验到成功。把学生的作业展示出来，可以增强学生的自信心，激起他们的创作热情，从而更加喜欢美术这门课程。"运用美术形式传递情感和思想是整个人类历史的一种重要的文化行为"（《全日制义务教育美术课程标准》），分享交流美术作业不仅能提高学生学习美术的兴趣，也有助于培养学生良好的个性品质。

所以，教师要为学生提供展示作业的时间和空间，让他们有机会进行情感和思想的交流。如第二课《形体的组合》，原本很不起眼的普通形状在他们的心灵手巧下组合成一个个构思奇妙、造型新颖的作品。如果再将他们的作品十分完整地呈现在全班同学面前，他们的喜悦就会油然而生，既能发现自己作品的优秀之处，也看到其他同学作品的特别，这样让学生在对比中了解自己的不足，及时取长补短。

教师要做有心人，办有意事

很多时候老师要学会故意。高年级学生有时会觉得学美术不如学其他学科那么有用。老师要故意的、经常的渗透美术方面的知识和作用，而不要和学生起正面冲突而引起反感。要充分理解学生的动机，从而来认真对待问题，解决问题。

人与人要多用心灵去沟通，播种爱心，收获希望！世界上最可怕的事情，莫过于有眼睛却发现不了美，有耳朵却不会欣赏音乐，有心灵却无法理解什么是真。不会感动，也不会充满激情……他们的惊喜让我觉得开心，他们的热情让我觉得感动，他们的成功让我觉得幸福，他们的期盼让我不断进步！

总之，学生在美术课上的学习兴趣，是提高美术课堂教学的质量重要保证之一。因此，每一个美术教师都要在"如何提高学生的学习兴趣"这个问题上下一番功夫，花一番脑筋，探索出一条适合自己的教学之路。

14. 指导学生学习音乐的方法

音乐课的基本价值在于以聆听音乐、表现音乐和创造音乐为主的审美活动，使学生充分体验蕴涵于音乐音响形式中的美和丰富的感情，为音乐所表达的真、善、美的理想境界所吸引、所陶醉，与之产生强烈的情感共鸣，使音乐艺术净化心灵、陶冶情操、启迪智慧、情智互补的作用和功能得到有效地发挥，以利于学生养成健康、高尚的审美情趣和积极乐观的生活态度，为其终身热爱音乐、热爱艺术、热爱生活打下良好的基础。

音乐作为人类文化的一种重要形态和载体，蕴涵着丰富的文化和历史内涵，以其独特的艺术魅力伴随人类历史的发展，满足人们的精神文化需求。音乐课则是人文学科的一个重要领域，是实施美育的主要途径之一，是基础教育的一门必修课。

新的《音乐课程标准》认为音乐教育以审美为核心，主要作用于人的情感世界。在音乐课程中，欣赏这一教学领域被视为培养学生音乐审美能力的有效途径。因为音乐欣赏课具有最直接、最具体的审美教育价值。"它以一定的音乐为审美对象，以参与欣赏活动的人为审美主体，形成一种特殊的审美观，通过这种音响地聆听，实现对音乐美的感受和鉴赏"。

目前，我国大部分学校的欣赏教学活动中所普遍采用的是以音乐知识、价值体系为教学内容；以听教师讲解音乐、展示音乐（播放录音）为主要教学方法；以先完整听，后分段听，再完整听为唯一教学秩序的课程模式。显然是与学生在音乐领域进行实践的需要相距甚远的，并且不能有效地激起学生对音乐欣赏课的兴趣。针对这一现象，结合我所学习的新的《音乐课程标准》和奥尔夫教学法，改革了音乐欣赏课的教学方法。

教师应充分发挥音乐艺术特有的魅力。在不同的教学阶段，根据学生身心发展规律和审美心理特征，以丰富多彩的教学内容和生动活泼的教学形式，激发和培养学生的学习兴趣。具体方法如下：

将音乐与其它学科结合起来

给学生提供更多表现的机会，提倡学科整和是新的教学理念的一个重要组成部分。

（1）教师有感情地配乐朗诵一首小诗

月亮/在白莲花般的云里/穿行/晚风/吹来一阵阵快乐的歌声/我们/坐在高高的谷堆旁边/听妈妈讲那过去的事情/那时侯/妈妈没有土地/全部生活都在两只手上/汗水/流在地主火热的田野里/妈妈却吃着/野菜和谷糠/她/去给地主/缝一件虎皮长袄/又冷又饿/跌倒在雪地上/经过了多少苦难的岁月/妈妈才盼到今天的好光景。

（2）教师请一部分学生想象自己是月亮

谷堆、莲花、妈妈，以及相依相伴的事物造型；另一部分学生想象自己是晚风，从人们身边轻轻地、慢慢地吹过，温柔地抚摸着我们……最后轻轻地、慢慢地围绕在妈妈身边。

（3）教师讲音乐同样具有诗歌一样的魅力

（展示课件）导入欣赏《听妈妈讲那过去的事情》，边听边将自己对音乐的感受用表情和动作展示出来。

（4）学生通过自己的表演引导学生

通过欣赏课件中栩栩如生的画面，深刻地体会到乐曲中那悲凉的气氛和痛苦的回忆，同时也深刻体会到旧社会带给人们的苦难生活。这时候，教师又不失时机地要求学生将自己平时积累的，关于体现旧社会人们受苦受难的古诗词作品配乐背诵给大家听。目的在于不但给学生一个展示自我的机会，同时使学生在自我理解中，更能深刻地认识到新旧社会的对比，从而珍惜自己在学校的每一寸光阴。

（5）要求学生利用课余时间搜集学习

借助多媒体手段自己动手搜集关于《听妈妈讲那过去的事情》的相关的知识，下节课集体汇报。这样就将课堂不仅仅局限在40分钟的课堂教学，而达到了延伸的效果，更加激起了学生求知的欲望和兴趣，达到了德育教育、美育教育、信息技术与艺术教育的完美结合。

充分利用丰富的想象力

激起学生的共鸣，音乐的魅力不仅在于音乐本身韵律的和谐完美，同时还在于它能给人们一个驰骋想象的空间。一本书里曾经有这样一句话"没有想象的人生是苍白的人生，而没有想象的民族是没有希望的民族"。学生时代正是富于想象的年龄时代，用音乐打开学生想象的闸门，培养他们的发散思维能力，这对音乐教育工作者来说是一个崭新的课题，又是一个行之有效的捷径。

在音乐欣赏课教学过程中，教师要告诉同学们，由于每个人的经历不同、文化素质不同，所处生活环境不同，对音乐的理解也会不尽相同。而一首优秀的乐曲带给人们的想象也应该不是单一的，应该是多姿多彩的。然后，要求学生欣赏《北京喜讯到边寨》，要求每一个学生都要敞开心扉，用自己的心，独立地去感受音乐带来的震撼，进而唤起无尽的遐想。音乐播完以后，教师要求同学们各抒己见，发挥创造力给乐曲起名字。于是"过年了""丰收锣鼓""兴高采烈""舞""闹新春"等名字诞生了。

并同时说明了自己为什么要起这个名字。虽然有的同学在欣赏过程中断章取义，但需要肯定的是他们确实动了脑筋，展开了想象。例如："舞"这个名字，学生解释为："当我听到音乐时，我感到它带给我一种想跳的冲动，于是我就想为它取名为'舞'。"这个名字虽然和乐曲的名字不一样，但他是用心去听去想，且很"雅"，很富于想象力，敢于创新，敢于发表与别人不同的意见，这是难能可贵的，这也正是新世纪人才具备的素质。因此，在音乐课上，每道题都有无数个答案，都是学生想象力的火花。

改变教师传统教学观念

要求学生大胆表现音乐。表现是实践性很强的音乐学习领域，是学习音乐的基础性内容，是培养学生音乐表现能力和审美能力的重要途径。音乐欣赏课不注重表演、创作技能的发展，而侧重于感受、体验音乐的热情和能力的发展，这就使课堂变得沉闷、凝重。针对这一事实，我在音乐欣赏课中大胆的加上体态律动这一项，使得课堂气氛更加浓郁、活跃，同时增加了学生的学习兴趣。

在课上，学生以身体作为一种"乐器"，随着音乐自由地运动。学生通过走、跳、跑，自行创造表现与他们所听到的音乐相应的动作。每个人对自己所听到的音乐都有不同的理解和做出相应的动作，这就最大限能地发展了学生的创造性和想象力。对于不同的欣赏内容，学生动作缺乏时，教师就会不失时机地给学生各种提示动作。

改变传统的师徒模式

追求无权威的学习机制。通过提供开放式和趣味性的音乐学习情景，激发学生对音乐的好奇心和探究欲望，引导学生进行以即兴式自由发挥为主要特点的探究与创造活动，重视发挥学生的创造思维的探究过程。

例如：教师在请同学们欣赏《我乘上小马车》时，首先向同学们介绍了歌曲的创作背景，是西方国家中两个流浪儿，他们以甜美的歌声换取面包。一位贵妇人就利用他们的歌喉去赚钱，将他们带回自己家中。这首歌曲就是当天晚上他们在梦境中所唱。歌曲表现了孩子们在梦中载歌载舞的欢乐情景和对美好生活的向往。当教师讲完这个故事以后，学生们反映极其强烈"他们不应该跟那个贵妇人去，他们被利用了""他们根本就过不上好日子""贵妇人是个大骗子，应该有人揭发她""他们应该找正式的教唱歌的地方去演出挣钱"……各种想法接踵而来，教师没有批评他们中的任何一个想法，因为他们能用自己的视角来认识世界，这是十分可贵的。音乐课就应该把主动权教给孩子们，让音乐课上永不结束真理。

无独有偶，《中国教育报》上有这样一个例子：某小学考语文，试卷上有一题问到："雪花变成了什么？"有个颇有创意的学生写道："变成了春天。"这分明是一个极有诗意、极脱俗的回答，可他偏不及格，为什么？因为标准答案上赫然写着"变成了水！"这种情况不仅发生在语文、数学等工具学科，也经常发生在最具创造特点的音乐学科。长期以来由于传统教育思想的影响，我们的音乐教学习惯以传授知识、训练技能为主要方式。这种我教你学、我讲你学的传承式的教学牢牢地禁锢着学生的思维，学生只能唯命是从，只能被动的接受一个"标准答案"，而不允许学生有自己的独立思考与见解。

显然，这种死记硬背、陈旧落后的的教学方式，已不符合现代教育的精神，更是与素质教育背道而驰。因此，音乐教学中鼓励学生对所听音乐有独立感受与见解，是音乐教育观念地转变与更新问题。只有在教育观念和教学模式上实行深刻变革，才能使学生体验美感、丰富情感、促进想象力地发展。

改善教师以往的评价机制

让每一个学生都能有成功感。音乐课评价应充分体现全面推进素质教育的精神，贯彻《标准》的基本理念，着眼于评价的教育、激励与改善的功能。通过科学地评价，有效地促进学生发展，激励教师进取，完善教学管理机制，推动音乐课程地建设与发展。

这就要求教师在上课时，要随时发现学生的闪光点，让每一个学生都有得"优"的机会，让每一个学生都能体验到成功的快乐！例如：在欣赏乐曲《瑶族舞曲》时，根据学生的不同层次，因材施教，给每一个学生创造得"优"的机会。对于表现出色的学生，教师会问一些很专业的问题："乐曲的主题旋律是什么？三个主题旋律的速度是怎样的?"而对于平时不喜欢回答问题的同学，教师就会问一些比较简单的问题："请同学们注意倾听乐曲的速度变化，听到用手势表示，如：渐慢时伸出一个手指，渐快时伸出两个手指⋯⋯。"一旦发现学生能够正确表达乐曲的意思，教师立刻送给学生一个激励性的动作或肯定性的语言。采用这样的教学方法，既使学生系统地掌握了所学知识，又激发了学生的学习兴趣，使学生产生自主学习的动力。

音乐课的基本价值在于通过以聆听音乐、表现音乐和创造音乐为主的审美活动，使学生充分体验蕴涵于音乐音响形式中的美和丰富的感情，为音乐所表达的真、善、美的理想境界所吸引、所陶醉，与之产生强烈的情感共鸣，使音乐艺术净化心灵、陶冶情操、启迪智慧、情智互补的作用和功能得到有效的发挥，以利于学生养成健康、高尚的审美情趣和积极乐观的生活态度，为其终身热爱音乐、热爱艺术、热爱生活打下良好的基础。

　　一堂成功的音乐欣赏课往往会给人们一种神奇的、不可思议的感觉。它能给学生创造一种幻觉，即感受音乐似乎并不费力，在轻松愉快的玩乐中，顷刻之间即可产生美妙的感觉。参与者虽然并没有很多的技巧或理论背景，却也能创造自己的音乐，孩子们在欣赏训练的过程中，能够经历着一种通常只有专业音乐家才能具有的合奏感。

1. 孔子韦编三绝

孔子（公元前 551～前 479），名丘，字仲尼，春秋时鲁国（今山东）人，是中国古代杰出的思想家和教育家。他多才多艺，学问渊博。孔子曾说自己"并非生而知之者"，他的学问都是通过刻苦钻研得来的。

孔子从小就死了父亲，家境贫寒，不能受到良好的教育，只好通过自修来获得知识。他从 15 岁起开始发愤读书，因为没有人教，在学习上碰到难题，就多方面向人请教。他问过做官的人，也问过普通人，问过白发苍苍的老人，也问过年龄不大的儿童。他说过："三人行，必有我师焉。"

孔子的学习兴趣很广，从不放过任何一个求知的机会，而且无论学什么，都要求个明白。他成年后，离家到各地去游历，开阔眼界，增长知识。

有一次，他去参加太庙（古代帝王祭祖的家庙）里的祭祀典礼，因为是第一次参加，样样都觉得新鲜，不停地向人打听。等到祭祀完毕，他还是抓住别人的衣袖不放，非问个明白不可。别人看到他老是打破砂锅问到底，就说他是"每事问"。

孔子十分好学，他常说："在学习的时候，我从来不会感到厌倦。"一次，他向音乐家师襄子学弹琴，先学习一支曲子，练了十来天，还在不停地练。师襄子催了他好几回，叫他学习新的曲子，孔子都不同意。开始，他说还不懂技法，掌握技法后又说没体会出这乐曲的思想意境。后来，师襄子对他说："你已经弹得很有感情了，可以学新曲子了。"而孔子却说："我还弄不清作曲家的为人呢。"

孔子年老的时候，回到家乡从事编书和讲学。虽然很忙，但他仍然坚持学习。

有一次，他得到一部《周易》。这是一本最难懂的古书，许多人都不敢去研究它。但是，孔子决心要读懂弄通。他把用竹木简写成的几十斤重的《周易》抱回家去，逐字逐句仔细阅读。一遍不懂，就读第二遍，还不懂就读第三遍。这样读来读去，因为读的遍数太多了，把串联竹木简的牛皮带子都给磨断了多次，叫做"韦编三绝"。最后，他到底把这部书读懂了，并向别人详细地介绍了这部书的内容。

孔子"学而不厌"，刻苦勤奋的学习钻研精神为后人做出了典范。

2. 樊迟学而不厌

孔子一生教过三千多个学生，而得意门生只有七十几人，樊迟就是其中的一个。樊迟谦虚好学，善于独立思考，在学习中遇到什么不懂的问题就向老师请教，有时还向同学请教，而且一定非要把这个问题弄懂了不可。

一次樊迟随着孔子闲游，来到一个祈天的祭坛底下。望着高高的祭坛，他不由问道："一个人的品德修养怎样才能积得深厚呢？而人们的隐私怎样才能治得下去？受了私心的迷惑又怎样才能辨别呢？"孔子直点头，连连夸奖他问题提得好。

"仁"是孔子倡导的儒家学说的核心。这个问题涵盖性强、抽象、不易理解。樊迟也为这个问题苦恼。有一次，樊迟问孔子："什么是仁呢？"孔子回答说："仁嘛，就是爱抚众人。"樊迟又问："那么'知'呢？"孔子回答说："就是善于识别人的善恶。"樊迟还是不能理解，就请老师再做进一步的解释。孔子打个比方说："从政治方面谈，如果举贤任能，任用正直的有德有才的人而不任用那些无才无德的奸邪的人，那些奸邪的人就会向正直的人学习而变成好人，这就是'知'啊!"樊迟还是觉得不能深刻理解孔子话的含义。没有彻底弄通这个问题，他心里总是感到不踏实。有一天，他见到了子夏，子夏是他的同学，在孔子的学生中是个佼佼者。樊迟在与子夏交谈的过程中，又把"知"这个问题提出来了。他对子夏说："前几天我见到了咱们的老师，我问'知是什么意思?'老师说'如果任用正直的贤德的人而那些奸邪的人就会变得正直起来'，这是什么意思呢?"子夏说："这方面的事例多得很呢! 譬如说，舜做天子的时候，在众人之中把正直贤德的皋陶提拔起来做宰相执政；商汤做天子的时候，就把正直贤德的伊尹提拔起来做宰相执政。人们都学习他们的良好品德，结果国家治理得很好，这不就是咱们老师说的'善于识别人的善恶'吗? 而善于识别人的善恶，又能任用正直贤德的人，这不就是虞舜与商汤的智慧吗?"樊迟这才真正地明白了。樊迟这种谦虚好学，打破砂锅问到底的精神，千古以来成为学界的佳话。

3. 匡衡凿壁偷光

匡衡，字稚圭，西汉东海承（山东峰县西北）人。他家祖祖辈辈务农，没有一个读书人，生活十分贫困。匡衡小时候就喜欢读书，酷爱学习。但因家穷，少年时给财主放牛、放羊，长大了，成了敦敦实实的壮小伙子。农忙季节，父亲让他给地主打短工，做零活，帮助家里维持生活。

匡衡是一个有雄心大志，善于动脑筋给自己创造学习条件的聪明人。打短工的时候，他身边总是带着书，有空就拿出来看。哪怕在地头歇息的一点点工夫，他也要看上几段书。由于能够这样地刻苦学习，充分利用时间，他把《春秋》、《诗经》、《论语》、《礼记》，甚至《尚书》、《易经》都读了。天长日久，学问越来越大，但是他从不自满，学习起来总是孜孜不倦。

白天匡衡为财主干活，晚上不怕累，原想读点书，可是，学习需要时间，也需要一定的环境，晚上看书更需要灯光。可他家里连做菜都舍不得用油，哪肯用油点灯呢！为了省油，天刚黑，他妈妈就催他早早睡觉。匡衡一心想读书，怎么能睡着觉呢？他常常在一片漆黑的房间里背诵文章，有背得流利的，也有丢字的，他想看书对照一下，没有灯，真是心急如焚。他心里烦，睡不着，耳朵就特别灵，隔壁吵吵嚷嚷的声音听得特别清楚。他走出草房，只见邻居财主家灯火通明，财主家经常大吃大喝，闹到半夜也不熄灯。可惜屋里隔了一堵厚墙，光线射不进来。一天晚上，他正默诵文章，发现从墙缝里透过来一丝微弱的光，灯光！灯光！嘿！灯光有了。再也不愁无灯看书了，匡衡连忙捧着书，靠在墙边对着缝孔，贪婪地看了起来，他全神贯注，忘记了一天的疲劳和夜晚的倦意。

第二天，瞅着邻家财主出门会客，家中无人，他非常小心地在墙壁上钻个小洞，小洞一直透到隔壁，然后他用纸小心地把小洞遮挡好。一到晚上，他就轻轻地把纸挪开，果然，一束光线射了进来，他捧着书对着小孔，书上的字能看清楚了。从此，他每天晚上在自己的房间里，借着偷来的灯光，勤奋读书。

匡衡的求知欲望越来越强。苦于无书可读，他到处设法借书。真正书多的还是富人家，书是很难借到的。聪明的匡衡想出了一个好办法，他去向一个藏书多的富人借书，表示愿意给他做工，不要工钱，只借书看，富人答应了他的要求。

匡衡很勤奋，白天做工，晚上看书。富人被他的强烈求知欲望，勤奋好学的精神所感动，就把全部藏书借给他看。不长时间，他就把那个富人家的全部藏书读完了。

匡衡的书越读越多，越读越精，六艺经传他都有研究，最后终于成了博士。他这个博士可不一般，当时的学者都钦佩他，纷纷赞扬说："对经学研究得透彻的除了匡衡之外，找不出第二个来。"这事连朝廷也知道了，汉宣帝就颁诏让他做了平原文学，以后还做过宰相。

匡衡还能诗善文，尤其善于解说《诗经》，常引经据典来议论国家政治得失。当时的儒生给他编了这么几句话："无说《诗》，匡鼎来；匡说《诗》，非人颐。"意思是：你们不要随便地解说《诗经》呀！匡衡就要来了，匡衡解说的《诗经》呀，是那么生动，能逗得人个个乐得不停。

匡衡在事业上所以能取得如此成就，是从小勤学得来的。

4. 黄霸狱中苦学不歇

黄霸字次公，西汉年间淮阳阳夏人。他为官清廉，为人正直，是当时著名的清官，深受老百姓的拥戴。

汉宣帝初年，诏书为汉武帝立庙乐，并让满朝文武大臣们讨论。讨论中，大臣们认为皇帝的这个主意很好，但一老臣夏侯胜却表示反对，他说：汉武帝虽然有开疆扩土的功劳，但他生活非常奢侈，乱杀无辜，强征于人民，使得"天下虚耗，百姓流离"，既然"无德泽于民"，当然就不应该给他立庙乐。

黄霸当时正做着丞相长史的官，也参加了讨论。他对老臣夏侯胜的议论，很有几分赞许，所以既没有当场制止，事后也没有向皇帝劾奏。结果，夏侯胜被加上"非议诏书，诽谤先帝，大逆不道"的罪名，被抓入狱。黄霸也被加上附和、纵容"逆臣夏侯胜"的罪名，和夏侯胜关在一起，准备处以死刑。

夏侯胜是研究《尚书》的专家，在当时很有名气。黄霸虽然知道自己已被判处死刑，但觉得和这么一位专家在一起，实在是一个难得的学习好机会，便主动请教夏侯胜，请他给讲解一下《尚书》。

夏侯胜觉得此时此地还研究《尚书》，已无什么实际意义，便婉言劝说："你我都是犯罪坐牢的人，说不定明天就会被推出去砍头，还讲《尚书》有什么用呢？"

黄霸求知心切，笑了笑说："孔子不是说过吗？'朝闻道，夕死可矣！'如果能够抓紧时间多学一点东西，在被砍头的时候，也心情快慰呀！"

夏侯胜终于被黄霸的这种热爱学习的精神感动了，答应了他的请求。

从那以后，黄霸和夏侯胜时而讲书，时而诵读，时而共同讨论。在三年的牢狱生活中，一个教而不厌，一个学而不倦，都没有虚度光阴。后来被释放出狱的时候，两个人的学问都有了很大的长进。

5. 朱买臣负薪苦读

西汉末年，战乱不休，长安城也不平静，饥民塞满了大街小巷，一片凄哀苍凉的景象。

一队给京城运粮的军车，从大街上走过来，车上插的军旗无力地低垂着。第二排靠左边的一个押车的伍卒心不在焉地赶着牲口，好像满腹心事。连年征讨匈奴的战争，耗尽了民力、财力，望着这凄凉的京城，他心目中已孕育着一篇陈述政事的奏章。

军粮运到国库后，他连夜奋笔疾书，第二天来到紫禁城高高的城门楼下，把奏章交给卫士，希望他们能把奏章转给皇帝。然而一个小小的伍卒，皇宫的卫士怎能把他放在眼里，奏章被压下了，他的希望破灭了。国家兴亡，匹夫有责。这个敢以一个普通兵士的身份给皇帝写信陈述国家大事的人，就是后来被起用为中大夫，做过会稽太守的朱买臣。

朱买臣在上书不成，十分懊丧的时候，碰到了同乡严助。严助这时已是侍中大夫，经他的举荐，皇帝终于召见了朱买臣，并起用他也做了侍中大夫。这时朱买臣已是近50岁的人了。见了诏书，他不由得心如潮涌，潸然泪下。眼前浮现出一生勤学苦读的艰难生涯。

朱买臣是吴地人。汉朝时的吴地就是现在的江浙一带。江浙自古以来就是鱼米之乡。然而当时土地都集中在大地主手中，百姓还是十分贫困。朱买臣祖上本来有点产业，可是到了他这一代却所剩无几了。他又不善于经营产业，所以不到几年时间就成了赤贫户。朱买臣走到这一步也只好打柴去卖，勉强维持生活。虽然身为樵夫，可他却喜欢读书，《尚书》、《周易》、《诗经》、《春秋》经常不离手。就是挑柴上市去卖的时候也不忘记读书，常常是一边挑着柴禾一边看书，为这个，妻子还跟他离了婚。离婚以后，家中无人照看，日子过得更艰难了，但是妻子背离，生活多难也没有磨灭他的意志。他仍然勤学苦读，最终成为历史上有名的政治家。

6. 路温舒以蒲草练字

路温舒，字长君，西汉巨鹿东里人。父亲在村子里做一个监门小吏，家里生活贫困。贫困的生活锻炼了他。路温舒少年时代就非常爱学习，但那时候不用说像他这样的穷孩子，就是一个能糊口的家庭，出个读书人也很不容易。路温舒连饭都吃不饱哪有钱买书本呢？到学堂念书简直像做梦一样。

路温舒一心一意要成为一个有学问的人，上不起学，他就每天给别人家放羊回来后向读书人学识字。几年后，日积月累，也认识了不少字。

路温舒越学习，求知的欲望越强。他每天到田野里放羊，看见别人家的孩子进学堂读书很羡慕。常常想，我上不了学堂，如果能一边放羊，一边读书也行啊，可是书也买不起呀！那时的书，是把字刻在竹简或木片上，或者用墨写在上面，用绳子穿连起来，称作竹简书，非常笨重，一篇文章要刻写好几捆，没有三天五天工夫是办不到的。还有帛书，像路温舒这样连帛做的衣服都穿不上，哪有钱买帛抄书？他只能一边放羊，一边回忆背诵读过的书。

世上无难事，只怕有心人。路温舒虽然买不起书，但他没有忘记读书，他连睡觉时也想着读书。他想，为什么不向人家借点书读呢？于是，他就向有书的人家去借，今天借，明天还，后天再借，如此频繁借还，一年过去了，他才读到了一些有益的书。

书读得多了，越感到读书的乐趣。好像沙漠中的一个跋涉者，遇到一眼清水井，不喝便罢，越喝越觉得井水甘甜。路温舒读了一年以后，眼界开阔多了，书中的知识像草尖上闪亮的露水那样新鲜，那么具有诱惑力，他简直爱书爱得形影不离了。

一天，他有一个句子想不起来了。为了这句话，他不得不去求书登门。向人家去借书看，当他查到这个句子的时候，又厚着脸皮向主人索笔求墨，把这个遗忘的句子写在自己的袖襟上，主人看到路温舒那么酷爱读书很受感动，干脆把这本书赠送给他。他常常以袖襟自勉自励：温舒，你要每天读书不断啊！免得遗忘各句箴言，枉自惭愧。

后来，他发现蒲草叶又宽又长，有大人的巴掌宽，阳光照在上面浮着绿莹莹的光，真招人喜爱。他心头一亮，啊！用它写字不是和竹简、丝帛一样吗？用蒲草做成书本不用花钱又轻便，放羊时可

67

以带着学习。于是他挽起裤脚到蒲草丛里弯着腰用劲地拔，拔下来的蒲草叶子在岸坡上晒蔫了，捆成一大捆。他背着蒲草回到家。到家后，立刻动手，用剪刀把蒲草裁成有棱有角一张一张的叶片，找一块光面石头把它们压平，压得整整齐齐，用绳子一片一片串起来，真像一本本厚厚的书。他从邻居家借来书，把文章一段一段地抄写在蒲草叶上。就这样，他做成了不知多少本"蒲草书"。没有多久，他的屋里堆成了蒲草的书山，他在自己开拓的书屋里，如羊儿吃草，如鱼儿得水一样，畅快地读起"蒲草书"来了。

有了蒲草书，路温舒再也不愁没书读，没本写字了，他更加勤奋，刻苦自学，孜孜不倦。他每次放羊，都带着这种书本，一边放羊，一边读书，回家也是废寝忘食地读书。

靠这些蒲草书，他掌握了丰富的知识。后来，他当了狱吏，仍奋发图强，新盖的三间书屋，他背诵过的书，码起来顶着屋梁，仅用蒲草抄成的书籍，就满满当当地装了两屋子。由于路温舒不怕困难，刻苦自学，从一个放羊娃成为西汉著名的学者，赫赫有名的法律学家。

7. 王充书铺借读

王充（公元27～约97），字仲任。会稽上虞（今浙江）人。是中国东汉初期具有唯物主义思想和批判精神的杰出思想家。王充出生在浙江上虞一个贫困家庭里，少年时期就失去了父亲，没有钱读书。

他八九岁的时候，在洛阳的各书铺里，怀里揣着干粮，贪婪地埋头读书。每当读到兴浓的时候，总是目不斜视，细心领会。有时独自狂笑，有时愁眉不展，如入其境，连身边带的干粮也常常忘记吃。因为他没有钱，从来只看书不买书，书铺的主人最初很讨厌他，有时甚至赶他走。他总是苦苦请求："让我看完这一本吧！"后来，书铺的主人见他如此热心读书，年纪又小，也就原谅了他。时间长了，他的行为感动了书铺的主人，书铺主人对他很友好。他也深知在书铺里读书的珍贵，所以总认真理解，刻苦记忆。

在他20多岁的时候，就由乡里保送到当时的首都洛阳，进入全国最高的学校——"太学"去学习。著名的历史学家班彪在"太学"里讲课。班彪的学问很深，他讲课联系的问题很广。王充为了弄清老师所讲的内容，就把讲课时提到的书——找来阅读。"太学"里的书差不多都读遍了，可是满足不了他的学习需要。去买书吧，买不起，王充便把书铺当图书馆，读了一册又一册，这家书铺读完，又跑到那家书铺。积累了丰富的知识。

到了30多岁的时候，王充已成为知识渊博，又有独立见解的学者。他对于当时盛行的唯心主义的说教深感不满。于是下决心给予批判。他谢绝一切应酬，集中精力，独立思考，着手写书。为了不耽误时间，不打断思路，他在自己住宅的许多地方，如门上、窗上、炉子上、柱子上，甚至厕所里，都安放了笔砚纸张，想一点，写一点，走到哪里，写到哪里。到了晚年，他孤独一人，生活潦倒，甚至有时缸里没了水，锅里没有了米，饿得肚子直叫，头发昏，眼发花，生活贫困，但志气不减，仍坚持为实现自己的愿望而写作，把全部的精力都用在写作上。经过艰苦奋斗，终于用20多年的心血，写出了闪耀着辩证唯物主义思想光辉的论著《论衡》。

8. 贾逵隔篱听课

贾逵，字景伯，东汉平陵（今咸阳）人。是我国古代著名的经学家、天文学家。

他出生在一个贫寒的读书人家里，父亲贾徽在贾逵幼年时就外出求学去了，常年在外。贾逵同母亲、姐姐在一起，过着贫苦的日子。

贾逵从小聪慧好学。5岁那年，有一天姐姐带他到院子里玩，忽然听见附近的私塾里传来了一阵阵读书声。私塾外围有一层篱笆，贾逵人小个矮，就嚷着让姐姐抱起他看个究竟。姐姐抱起贾逵，小贾逵手抓篱笆往里一看，原来是私塾老师正领着学生在诵读经书。小贾逵羡慕极了，情不自禁地跟着老师诵读，久久不肯离去。姐姐见弟弟如此喜欢读书。于是每天抱着他隔篱听课。

小贾逵学习真有一股恒劲，一年四季坚持不断。有时姐姐没时间陪他去，他就自己趴在篱笆旁听课。遇上风雪天，他照听不误，小脸蛋与双手冻得通红，也不肯回家暖和。

就这样，暑去寒来，贾逵隔篱偷学了5年，对老师讲授的《五经》与《左传》竟能全文背诵下来了。10岁那年，父亲贾徽求学回家，发现儿子对经书十分熟悉，能背诵《五经》，非常惊喜。姐姐向父亲述说了贾逵的5年苦学，贾徽听后，赞叹不已。

贾徽也是研究经学的一位学者。所谓经学，就是解释和阐述儒家经典著作的一门学问，东汉时颇为盛行。贾徽曾经向西汉末年的著名古文经学派开创者刘歆学过《左传》，功底很深。他发现贾逵虽然能背诵《五经》与《左传》，但对经学的微言大义并不甚理解，而且贾逵隔篱听课时没有教材，文字写作能力差。针对儿子的薄弱环节，贾徽因材施教。在父亲指导下，贾逵剥下庭中桑树皮作书板，对着教材边诵读边默写。桑树皮用完了，他就趴在门上、墙壁上写字，等把写下来的东西背熟了，又涂掉另写。

贾逵就这样刻苦地自学，而且10年不中断。当他刚满20岁的时候，竟令人惊奇地为《左传》和《国语》写了51篇注释。贾逵的名声传遍乡里，不少好学的青少年纷纷前来求教，大家都把他的教书生活称为"舌耕"，以赞扬他的勤奋刻苦精神。

9. 张仲景立志学医

张仲景（公元约 150～219）是中国东汉时代一位大医学家，人们把他尊称为"医圣"。

张仲景从小就勤奋好学，看了很多书。他从史书上看到扁鹊给人治病的故事，心里很感动。他想："许多人只知道为自己打算，不问民间的疾病和痛苦。我为什么不能像扁鹊那样，把救死扶伤，解除人民病痛当作自己的责任呢？"从此他就努力钻研医学，拜同乡名医张伯祖作老师，孜孜不倦地刻苦学习，在年轻时候就掌握了丰富的医学知识。

当时，各地军阀称霸，连年混战，造成田园荒芜，瘟疫流行，死尸遍野。他眼看亲人沦丧，却束手无策，深感疾病的危害和医药的重要。为了同疾病斗争，张仲景辞去官职，决心从医。

每天清晨，张仲景坐在张伯祖身旁。张伯祖替病人诊脉，他在竹简上写方，另外一些弟子帮着配药。病人川流不息，他们也忙个不停。目睹此景，张仲景问张伯祖：

"师傅，为什么不把药方告诉老百姓？他们生病可以自己医治，病人不就可以减少一些吗？"

"谈何容易！老百姓不懂医理，药服错了会出事的。"张伯祖直摇头。

"那就写本书，把原理告诉大家，让人们生病知道吃什么药。"张仲景又说。

张伯祖说："这话是对的，可是这事谁来做呢？"

是的，谁来做呢？张仲景呆呆地想。老百姓生活在水深火热之中，多么需要人扶弱济危啊！张仲景暗暗下定决心："编写医书这桩事没人做，就由我来做吧！"

立志是事业的大门。从此，张仲景在随张伯祖医疗的过程中，更注意勤奋学习。晚上，别人都休息了，他一个人还静静地坐在松明灯下，攻读医学典籍。

张仲景读遍了自古以来的医书，吸取了丰富的医学知识，继承历代医学家的宝贵经验，总结了五个世纪以来的医学成果，加上自己丰富的实践经验，写出了《伤寒杂病论》。

张仲景为什么能有这么高的医学成就呢？一是勤求古训，二是博采众方。

张伯祖死后，张仲景独立在南阳一带行医，但他始终放不下写书传播医理的心愿。为了写好这本书，他除了继续寻找、研究祖国各种医药典籍外，还尽力采用民间的验方。有一次，他听说邻近老乡把一个上吊的人救活了，急忙去打听用的是什么方法。结果，他学会了人工呼吸的方法。后来他把这个方法写进了他的《伤寒杂病论》，是我国历史上第一次有关人工呼吸的记载。又有一次，张仲景听说一个道士为病人捉"鬼"后，给病人吃了"真武大仙"的"仙药"，病就好了。张仲景很奇怪：巫医也能治病吗？他设法把这个道士的药找来研究一番，发现其中有生姜、茯苓、芍药等好几味药，是一个秘方。原来巫医尽管装神弄鬼，手里也掌握一两种货真价实的东西，否则难以长久骗人。从此，对巫医使用的药方，张仲景也注意收集，但都进行了细心研究，去伪存真，把那些经过临床实验证明有效的，吸收过来。

经过几十年的奋斗，张仲景积累了大量资料，经过去粗取精，反复对比，最后写出了《伤寒杂病论》，成为千百年来的中医经典著作，这是张仲景一生立志勤学的结晶。

10. 董遇"三余"读书

董遇，字季直，汉代陕西弘农人。汉献帝兴平年间，董遇家乡发生了人吃人的现象，为生活所迫，董遇和他的哥哥只好远离家乡，到处流浪。

为了糊口，他和哥哥成天上山砍柴，以柴换口饭吃，日子过得很艰难，吃上顿没下顿，更谈不上穿好衣服。

虽然日子过得苦，可董遇没有放弃学习的念头。每次上山，他都带着书和本，在砍柴休息的时候，就拿出书来读，有时还高声吟诵，他只要能读上书，比能吃上饭还高兴。他哥哥不理解而埋怨地说："咱家连肚子都填不饱，哇啦哇啦地读书有什么用？"董遇听了，不恼也不火，他知道哥哥的心意是好的。照样每天带书上山学习，哥哥拿他也没办法。

日积月累，董遇的学问越来越深，他先后为《老子》作了注释，并详尽地研究了《春秋左氏传》。经过刻苦钻研，写成了《朱墨别异》的专论。附近的读书人听说他这么有学问，都纷纷请他讲书，他总是和人家讲："先用心读吧！读上百把遍再说。"请教的人见他不肯讲解，很是失望。他解释说："不管什么书，只要认真读上百把遍，边读边琢磨，总会懂得它的意思的。如果还有不懂的地方，再讲也不迟呀！"请教的人说："您说得很有道理，可是我们哪有这么多的时间呢？"

董遇听到他们喊叫，没时间读书，就摇摇头反问道："为什么不利用'三余'来学习呢？""何为'三余'？"有的人向他请教。

董遇解释说："'三余'就是三种空闲时间。冬天，冰天雪地，没有多少农活，这是一年里的空闲时间；夜间，黑咕隆咚，不便下地劳动，这是一天里的空闲时间；雨天，遍地泥泞，不好出门干活，也是一种空闲时间。如果把这'三余'都利用起来，不就可以读很多书吗!"

请教的人听了他的话，很受启发，一个个非常感激他的教诲，高兴地回去了。

11. 吕蒙笃志就学

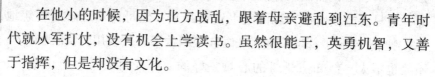

吕蒙，字子明，三国时汝南富陂（今安徽阜南）人。他是东吴一员英勇善战的著名将军。

在他小的时候，因为北方战乱，跟着母亲避乱到江东。青年时代就从军打仗，没有机会上学读书。虽然很能干，英勇机智，又善于指挥，但是却没有文化。

吴王孙权很看重这位青年将军。有一天，他对吕蒙和另一将领蒋钦说："你们现在都负有重任，应该多读点书，借以增长自己的知识和才干。"

吕蒙推托说："军中事务太多，恐怕安排不出时间来读书了。"

孙权开导说："我不是让你们专搞什么经学，只是希望你们多涉猎一些古书，从中吸取历史的经验教训罢了。你强调忙，难道比我的事务还多吗？我年轻时就读完了《诗经》、《书经》、《礼记》、《左传》、《国语》，只是没有读过《易经》。掌管军政要务以来，又读了三史和诸家兵书，自以为大有裨益。你们二位很聪明。只要肯学，就会学好。为什么借故推托，自甘暴弃呢？应该迎头赶上。"

吕蒙听了孙权的一番劝告，深受感动。从此以后，他便利用一切零星时间，发奋攻读史书、兵书，知识越来越多，在军务上经常提出非凡的见解。

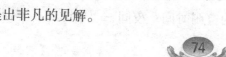

当鲁肃代替周瑜，领兵镇守陆口，经过吕蒙兵营的时候，顺便去看望吕蒙。两人喝酒时，吕蒙问鲁肃："你身受重任，又同关羽的军队近在咫尺，将以什么计谋来防患于未然呢？"鲁肃贸然回答："到时候再说好了。"吕蒙说："东吴和西蜀如今虽然联合起来共同抗魏，可是要知道，关羽对于我们来说，毕竟是熊虎之患，怎么可以不预先定下对付他的计策呢？"当即，吕蒙为鲁肃策划了五条对策。鲁肃听了，不由得肃然起敬，马上离开席位，伸手拍了拍吕蒙的脊背，感叹地说："我总以为老弟只会打仗，今天听了你的议论，学问竟然这样渊博，见解这样高明，真了不起！你已经完全不是当年在吴下的阿蒙了！"后来，鲁肃死了，吕蒙代其领军，袭破关羽，占领了荆州这个军事要地，为吴国建立了功勋。

孙权也曾这样赞扬吕蒙："像吕蒙、蒋钦这样，年长以后，还能自强不息，力求上进，这在一般人是做不到的啊！尤其是富贵荣华之后，尚能放下架子，勤奋学习，这就更是难能可贵了！"

12. 陈寿勤奋攻读经史

陈寿，字承祚，三国时人。他刚出生时，骨瘦如柴。父母怕孩子难养，活不长久，就给他取了这个吉祥的名字。

小陈寿真的没有辜负父母的心愿，他竟然一天天健康地长大了。五六岁时，他就开始跟着父亲在家中读书写字。他天资聪明，好奇心强，勤学好问，在19岁那年就把家中的全部藏书读完了。他这时还在一所私塾里读书，私塾先生教的书本他很快就学会了。他的求知欲望已得不到满足，渴求学到新的知识，便恳求父亲，要到很远的地方向一位叫谯周的老师求学。父亲心里虽不放心，但经不过孩子的苦苦哀求，终于答应了。

　　小陈寿高兴极了，他背着行李，带着干粮，急匆匆地上路了。经过十多天的辛劳跋涉，他终于找到了思慕已久的老师。

　　陈寿的老师谯周，对孔夫子的学说很有研究，被朝廷封为光禄大夫（亲近皇帝的高级顾问官），是当时首屈一指的古代史学家。他开办的私学在巴蜀一带也最出名，许多豪门贵族都把子弟送到这里来读书。

　　陈寿初到这里，谯周见他是个十几岁的小孩子，不由得有些好笑。他想：到我这里来求学的人都二十多岁，这个乳臭未干的小孩子到我这里来求学，岂不有损于学堂的名声。于是，他连哄带推地对陈寿说："你太小了，我这里不收小学生，快回家去，过几年再来吧。"

　　陈寿一听就急了，连忙上前哀求说："先生，您收下我吧，别看我年岁小，我已经读完了《诗经》、《书经》、《礼经》、《春秋》……难道还不够格当您的学生吗？"

　　谯周听说他读了这么多书，有点不信，就出了几个题目来考他，没想到陈寿竟对答如流，使谯周十分惊讶。他见陈寿聪明伶俐，心中很喜欢他，但又考虑到他年龄太小，心中有些犹豫。小陈寿见谯周沉吟半晌，没有说话，急忙走到他跟前抬起脚对他说："先生，我为了到您这里来，在路上走了十多天，把鞋底都磨穿了，您一定要收下我呀！"

　　谯周低头一看，只见陈寿脚下的鞋果然破了，底上穿了个洞，面上裂了口，脚丫子露在外面，有几个地方还结着污黑的血痂。他被这个少年顽强求学的精神感动了，一把拉住陈寿的小手说："好吧，先试试看吧。"

　　陈寿来到这里以后，给学堂增添了不少生气。从来没有一个学生读过的竹简、帛书，一捆捆一堆堆放在角落里无人过问，陈寿却把它搬了出来。每天，天刚蒙蒙亮，他就爬到山坡上去读书；当夜阑人静的时候，同学们早已入睡了，只有陈寿仍然独坐在书院的灯光下刻苦攻读。谯周的学堂里从来没有见过这样用功的学生，他非常喜欢这个年龄最小、最用功的学生。高兴地说："昔日仲尼弟子三千，贤人七十二，我几十个学生中出了一个陈寿，也算不枉终生为教啊！"

从此，谯周更加细心教导陈寿了。陈寿也虚心地向老师请教。在谯周的指导下，陈寿进步很快。他精心研读了诸子百家的经典著作，钻研了六艺（诗、书、礼、乐、易、春秋）以及天文、历法、算术、医学等各方面的知识。他最爱读的是那些古代的历史名著，如《尚书》、《左传》、《公羊传》、《谷梁传》、《史记》、《汉书》等，他读了一遍又一遍。春秋战国的群雄争霸，秦汉王朝的兴亡更迭，都引起了他莫大的兴趣。那时候，还没有发明印刷术，为了得到这些书，陈寿一面读，一面抄，一面背，那些精彩的段落，差不多都能熟背下来。他不仅为历史上那些动人的故事所感动，而且对那些写史的人也非常敬仰。他立志长大以后，也能当上一名史官，给后人留下一部史书。

从此，读书时，他不再满足于单纯的能记会背了，而且有目的地去研究、探索写史书的方法。

五年寒窗，陈寿孜孜不倦地苦读，使他成为一个学识渊博、才华横溢的青年。他这时感到，要写史书，光靠读书是不行的，更重要的是要搜集和整理资料。于是，他告别了谯周老师，回到了故乡。

回到故乡之后，陈寿开始注意搜集地方史料，留心乡间的知名人物，用这些材料进行编写史书的训练。经过数年的艰苦努力，他终于写出了著名的《三国志》，这部书凝聚了他毕生的心血。

在我国浩瀚的史书典籍中，《三国志》占有重要的地位。一千多年以前，它就与《史记》、《汉书》、《后汉书》合称为"四书"，在"二十五史"中，它也是不可缺少的一部，是我国中华民族宝贵的历史遗产。

13. 书圣王羲之与"墨池"

王羲之（公元321～379），字逸少，晋代琅琊临沂（今属山东）人。是中国古代著名的书法家。

王羲之从小练字，7岁的时候，已经写得很不错了。继续练了四五年，总感到进步不大。

有一天，在父亲的枕头里发现一本名叫《笔谈》的书，里面讲的都是有关写字的方法，他高兴得如获至宝，偷偷地阅读起来。正当读得起劲的时候，父亲来了，问道："为什么偷我枕中秘书?"羲之笑而不答。母亲想给他打圆场，从旁插了一句："你是在揣摩用笔的方法吗?"父亲认为他年纪太小，未必能够读懂，就把书收了回去，对他说："等你长大了再教你读。"王羲之不高兴地说："如果等我长大了才讲究笔法，那我这几年的时光不就白白浪费了吗？还如让我现在就学吧，免得不懂方法瞎摸索。"父亲听他说得有理，就把书给了他。于是，王羲之按照书中所讲方法天天苦练起来，不久，他的书法有了显著进步。

但是，王羲之并不满足已有的进步。有一次，他看见东汉书法家张芝的书迹，真是爱不释手，自叹不如。张芝的草书写得好，人们称他为"草圣"。王羲之不仅爱慕他的字，更钦佩他"临池学书，池水尽黑"的苦练书法的顽强精神。在给朋友的一封信里，王羲之写道："张芝就着池塘的水练书法，连池水都变黑了，如果人们也下这么深的工夫去练习，未必会赶不上张芝。"

从此，王羲之每天挥笔疾书，写完字后就到家门口的水池去涮笔。久而久之，池水都染黑了，人们把这个水池称做"墨池"。根据记载，王羲之居住过的绍兴兰亭、江西临川的新城山、浙江永嘉积谷山，以及江西庐山归宗寺等处，都有他的墨池。

王羲之勤学苦练书法，他草书学张芝，正书学钟繇（yōu），并且博采众长，推陈出新，终于形成了自己书法的独特风格，创造了一种漂亮流利的今体书法，后来人们称他为"书圣"。

14. 左思十年苦撰《三都赋》

左思（约250—约305），字太冲，齐国临淄（今山东）人。是西晋著名的文学家，他博学多才，能诗善赋，一生写了大量优秀的文学作品，成为当时文坛上享有盛名的领袖人物。

左思自幼贫穷，没有受过正规教育。但他志向远大，勤奋好学。在博览群书的过程中，渐渐对都赋（描写皇朝都城的文章）产生了浓厚的兴趣。每逢得手，总要反复研读，立志在写作都赋上要作出一番成就。

汉朝的文学家班固写过《两都赋》，张衡写过《二京赋》。左思读后赞叹不已。但是，他觉得这两赋虽好，也有美中不足之处。有些景物的描写缺乏事实依据，不免给人以虚假的感觉。他想，历史上的都城那么多，为什么自己就不能写一篇都赋，以扬前人之长，避前人之短呢？于是，他决心为三国时的蜀都成都、吴都建业（今江苏南京）和魏都邺城（今河北临漳）写赋，合称《三都赋》。

左思要写《三都赋》的消息在洛阳不胫而走，人们议论纷纷。赞许的有，但更多的是怀疑：一个无名小卒能成吗？真不知天高地厚。写《两都赋》、《二京赋》的班固和张衡，都是汉朝名家。他竟想超越前人，简直是太不自量力了！

在冷嘲热讽中，左思激愤了：难道就不能超越前人吗？能，一定能！因此，他更坚定了写好《三都赋》的决心。为了使《三都赋》言必有据，真实可信。他认真查阅、仔细研究了有关蜀都、吴都和魏都的大量史料，向了解情况的人调查三都的风土人情和山川草木，然后进行精心构思。在写作过程中，他意识到自己的知识积累还满足不了写作《三都赋》的需要，便主动请求担任秘书一类的职务，以便开阔眼界，增长知识。他不知疲倦，废寝忘食地从事创作。早上天蒙蒙亮就起床，晚上在烛火下一直写到深夜。他在室内、院子里、大门边，甚至厕所外面，都摆上桌子，安放好纸墨笔砚，想到一个好句子，马上就提笔记下来。他走路、吃饭、连上厕所都在思考文章的写法，有时简直入了迷。常常忘记了吃饭，饭菜热了又凉了。有一次，由于太专心，他竟把两支毛笔当筷子送入了口中，弄得满嘴乌黑。

夜晚，他伴着孤灯，在写得密密麻麻的纸上竟找不出哪些是需要删节、哪些是需要保留的句子。室内庭院，满是他写的草稿纸，狂风一吹，到处飞舞。随着时光的流逝，左思日夜凝思书写，累得消瘦了，憔悴了，两鬓也开始添上几丝白发。足足花了十年心血，他的《三都赋》终于完成了。可是，左思已经从一个青年人变成了一个中年人了。

左思这部光辉赋作问世的时候，他决心找一个有真才实学的人来作评定。他把《三都赋》送给了学识渊博、德高望重的皇甫谧。皇甫谧反复看了几遍，禁不住拍案叫绝，立即提笔写序，然后又请人作了注解。几乎被打入冷宫的《三都赋》顿时身价百倍，成了洛阳的畅销书。人们视为珍宝，争相传抄。洛阳的纸张也紧张起来。纸价上涨了二、三倍，到后来，人们有钱也买不到纸，只好到外地去买，"洛阳纸贵"的成语就是从这里产生的。

有志者事竟成。一个被人瞧不起的无名学子，能够敢于树立超越前人的志气，选准自己的创造目标，并按照创造目标的需要选修知识，发奋努力，终于成就了一番不寻常的事业，这种精神十分可贵。

15. 皇甫谧自学自诊撰医著

皇甫谧（215—282）魏晋间医学家。著有针灸名著——《黄帝三部针灸甲正经》（简称《甲正经》）。这部书是中国第一部针灸专著。它不仅在中国医学史上占有重要地位，就是在世界医疗事业上也有一定的影响。

皇甫谧祖上是东汉的名门望族，后来家道中落，到他这时已十分贫苦。皇甫谧从小父母双亡，过继叔父。虽寄人篱下，却不会料理自己的生活，也不会下地劳动，更不爱读书，总是终日游荡，消磨时光，人们都笑话他是"傻子"。眼看皇甫谧年届20，还是整天东奔西跑，喧闹嬉戏，游荡无度，叔母心里非常忧虑。

一天皇甫谧兴冲冲地将玩耍时采摘来的野果献给叔母，不料叔母双眉紧锁，长叹一声道："静儿（皇甫谧幼名），难道我长辈指望于你的，就是这些野果吗？你年纪不小了，为何这么不知长进，20岁的人了还这么整天玩耍无度！"

皇甫谧听了叔母这番话，深受触动，含着热泪向叔母发誓，一定要改弦易辙，发愤读书。

第二天，皇甫谧不再找那些浪子去游玩，而是扛了一把锄头去下地，晚上取出书来读。但是游荡惯了的他，开始很不习惯这种边耕边读的艰苦生活。拿起锄头，既不应手，又很劳累；灯下读书，思想不集中，读着读着便睡了。然而，20年来自暴自弃，使自己虚度宝贵青春年华的教训，又使他精神振作起来。他努力克服懒散习惯，拖着疲劳的身体，苦心研读经书。无钱买书便到处借书抄阅。

越读，他的视野越开阔，兴趣也更加浓厚。

但是光靠自学想取得很大进步，毕竟是有限的。为此，他又向叔父的知交席坦讨教。席坦见他很有上进心，便悉心指点。几年下来，皇甫谧终于成为当地很有点名气的一位学者。

后来病魔缠住了皇甫谧，这场病改变了他的生活道路，促使他悉心学医。

42岁的皇甫谧，忽然发现半边身子发生不停地酸痛，行动不能自由。家里人赶紧请医生给他诊治。诊断为风痹病，主要由风邪侵袭肌体形成，在当时属于难症。医生告诉他古人医治痹症，常用针灸，以通经脉，调血气，但要持之以恒，才能有效果。

患风痹症，对皇甫谧是一个沉重打击。半身不遂，不仅严重影响了他的生活，而且给读书带来很大不便。但他是有毅力的人，一面坚持针灸治疗，一面开始学医。他读过诸子百家的典笈，研读《内经》、《明堂孔穴针灸治要》等医书，自然不成问题。为了证实医书上说的是否有道理，他多次在自己身上试针。有些穴位自己刺不到，就叫家里人帮助。坚持数年后，病情有所稳定，对研究医学的兴趣也越来越浓了。

但是，就在这时，他又遇到一次更为沉重的打击：因为服一种名叫寒不散的药，他得了一场大病。寒不散包括五种石性药物，又称"五石散"。当时大官僚和读书人普遍认为，服了这种药，人可以像金石那样坚实不朽，以致"心加开朗，体力转强"，甚至可以长寿成仙。实际上，这是一种有毒的东西，服后有的舌缩入喉，有的痛疮陷背，长服会送掉性命。皇甫谧原来半身不遂，加上新的病魔折磨，一度意志消沉，准备自杀了事。最后，还是研读医学的责任心，使他打消了这个念头。

皇甫谧随着学识不断增长，声望也越来越大。极有权势的相国司马昭，亲自请他出来当官，他也没有接受。司马昭的儿子司马炎代魏称帝后，又屡下诏请他当太子的老师，他还是不答应。他这样坚决拒绝为官，主要是受疾病的打击，一心要学医的缘故。

到了晚年，皇甫谧以全部精力从事医书著作。他长期患病，主要用针灸医治，从事这方面研究花费工夫最多，也最有体验。为了给后人留下诊治的针灸方法，以解除病痛，在病榻上撰写了留传古今中外的名著——《甲正经》。

《甲正经》的问世，第一次比较全面和系统地总结了我国针灸的理论和丰富的经验，对针灸地发展，作出了新的贡献。

书中对人体所有穴位，总共确定了654个。对每个穴位的治疗作用，禁忌症，操作方法以及其他必备的知识，也作了详细介绍。

皇甫谧在书中，又根据病理说明哪种病应针灸，哪种病不宜针，哪种病不宜灸。他指出九种病不宜针刺，如误用针刺的话，就会导致死亡。又指出四时气候变化不同，针刺深浅应有区别。凡属过去对孔穴部位确定有错误的，他也一一予以纠正。

《甲正经》这部著作，对我国针灸学起了承前启后的作用。后代的针灸学著作都是在它的基础上发展的。因此，后世一直把这部著作看作是针灸学之祖。至今，有的国际针灸组织，还把这本著作定为确定穴位的参考书，可见它影响之深远。

16. 葛洪勤奋学医著书

葛洪（约281—341），字稚川，自号抱朴子。丹阳句容（今江苏）人。东晋医学家和炼丹术士。

法国著名微生物学家巴斯德，19世纪末对狂犬病疫苗的研究，作出了伟大贡献。

然而，在巴斯德1500多年前，中国晋代的炼丹医学家葛洪，就提到过这种疫病的治疗方法。他所采用的，就是类似巴斯德采用的免疫法。他开创了用免疫法治疗狂犬病的世界先例，称得上是免疫学的先驱。

葛洪青年时期受社会炼丹风气影响，很喜欢炼丹医病。他虚心向人请教，努力学习关于医药保健和炼丹的知识，读过一些这方面的书。他从小就很喜欢学习，由于父亲早逝，家境贫寒，买不起书笔和纸墨，只好上山去砍柴，把砍来的柴卖了，得了钱，买来纸墨，然后借了别人的书，抄下来阅读。他为了多砍柴多卖钱，天还没有亮，就点着松明上山，直到天黑，才把一担担柴挑回家来。第二天再到集市上卖掉。这样，他白天根本没有时间读书，只好在晚上用功学习。在一盏昏暗的小油灯下，葛洪睁大了眼睛读书，疲劳一阵阵地向他袭来，使得他不断地打盹。他用冷水擦把脸，提提精神，又坐下来认真地读。他即使读到深夜，还要在睡下前，把当天读过的书抄在纸上，准备第二天带上山去，在砍柴休息时再温习一遍。

他在炼丹时，为了弄清一个问题，不怕千里迢迢，跋山涉水，去请教别人。他到过吴兴余杭问道，认真研究了东汉炼丹家关于炼丹的书，从中得到很大启发。

他边学习，边实践，躲到深山里专心致志地炼起丹来。

有一天，他把炼丹的矿物放进炼丹炉里，架起火来烧炼。他一边烧火，一边目不转睛地观察炉里面的变化。炼着炼着，出现了赤色晶体状的东西，他高兴极了，大声叫嚷起来："金丹炼成了！"当然，这种金丹并不是人们幻想的那种长生不老的金丹。

葛洪还总结了前人的经验，写了一部《肘后备急方》的医书，共四卷。"肘"，就是胳膊，"肘后"是挂在胳膊上，《肘后备急方》，就是经常挂在胳膊上，以备应急之用的药方，是居家或外出都必须随身携带的医书。这部书讲到的急症有急性传染病、外科、儿科、眼科等。还附带讲了点六畜病，属于兽医的范围。大概是古人经常骑驴骑马外出，所以也需懂点六畜病的急救方法。在这部书里，葛洪对他们研究的每一种病，都讲了病状、病因、治法和药方。

在这部书里，他还记述了一种叫"尸注"的病，说这种病的种类很多，粗分为36种，细分到99种。得了这种病的人，闹不清自己到底哪儿不舒服，只觉得发烧怕冷，浑身疲乏无力，精神恍惚，身体一天天消瘦下去，时间长了就会死亡，此病还会传给别人，造成全家人的死亡。葛洪所描述的这种"尸注"，其实就是现代医学上所说的结核性传染病。他对这种结核性传染病的症状和发展情况的认识，是符合实际的。结核菌能使人身上的许多器官生病，肺结核、骨结核、肠结核等都是结核菌引起的。

葛洪是中国最早观察和记载结核病的医学家。

17. 法显艰苦跋涉取经学道

法显是晋代的一位高僧，既是翻译家，又是旅行家。

法显出生在一个虔诚的佛教家庭，3岁时父母便把他送进寺庙当个童僧。20岁时正式受戒当了和尚，直到终年。

少年的法显进了寺院，失去了上学的机会。他从小勤奋自学，虚心向有学问的老和尚求教，晚年又十分重视旅行实践。

那是公元399年，随着佛教由印度东传，在我国佛教界掀起了到佛教的发源地——印度取经的热潮。这时法显已经65岁了，但他为了取经求法和参访佛迹，不顾年老力衰，决定同数名僧人结伴离开长安。

他们一行从长安出发，第二年才到达敦煌。经过了水流湍急的黄河，越过了高耸入云的祁连山，经过了1500里远的白龙堆沙漠。在这些地方，上无飞鸟，下无走兽，望穿了眼睛，也休想找个安身之处。他们只能靠死人骨头，来辨别方向。就在这样的路上，他们整整走了 17 天。到达鄯善以后，迎接他们的是一片更大的沙漠——世界闻名的被称为"进去出不来"的塔克拉玛干大沙漠。又走了一个月零五天，才见到一片绿洲，到达古代西域的佛教重地新疆和田。

这时法显已经 67 岁，从长安一道出发的旅伴，有的死于沙丘，有的半途折返，有的他去。法显是一位勇敢的旅行家，没有丝毫怯懦，掩埋好同伴的尸首，又继续前进。在此后近十年的漫长岁月里，他不知疲倦地在东南亚大陆的土地上奔波，足迹遍及今天的巴基斯坦、阿富汗、印度以及印度洋上的美丽岛屿斯里兰卡。

法显到处追踪佛教发祥地的圣迹。他以旺盛的求知欲考察了印度等国的风土人情和名胜古迹，更以虔诚的心瞻仰了佛教圣地，但法显总感到不满足。他来印度的一个重要目的是取经，现在，这个目的还没有达到。于是，他又来到印度巴特那，这里有当时印度最大的佛教寺院，藏有很多重要经律，还有不少深通佛理的高僧来讲学。法显在这里住了三年，刻苦学习梵书、梵语，抄录经律，收集记录了许多珍贵佛教经典。以后，他又顺恒河东下，到达多摩利帝国。相传释迦牟尼曾来这里讲学，佛教也很盛行。在这里，法显又用两年时间，抄录佛经并画了一些佛像。

后来，法显又到了斯里兰卡，继续寻求国内没有的佛经。

法显 78 岁的时候，回到了祖国，整理了十四年的旅途见闻，翻译了他所带回的佛经，最后写成了《佛国记》这一不朽著作。

远在 1500 多年前，在人类还缺乏地理知识、交通条件又极为落后的情况下，年过花甲的法显，能完成这样一个穿行亚洲大陆并经南洋海路回国的大旅行，真是另人敬服。

18. 车胤囊萤夜读

车胤，晋代南平（福建）人。车胤一生做过辅国将军、吏部尚书等官。他的曾祖父车按做过会稽太守，父亲车育曾任郡主簿。

他博览群书，贯通古今，与当时文坛的著名才子吴隐之齐名，是东晋著名的学者。他人长得漂亮，又有风度，而且驾驭语言的本领很强，说起话来诙谐有趣，因此在当时一些文人学士中很有威望，大家都喜欢和他交朋友，一些盛大集会总缺不了他。如果车胤不在场，大家就会说："车公不在，没有意思。"

车胤三四岁的时候就很懂事，有礼貌，来车家的亲友常常夸奖他，都认为他长大了一定会有出息，让他父亲好好培养他。

当车胤五六岁的时候，他父亲就教他读书写字。车胤聪明而且知道用功学习，读起书来废寝忘食，没有一天放下过书本，每天读书都要过半夜。

夜间读书需要灯光，家里生活又贫穷，老是半宿半宿地学习，哪来的钱买灯油。他父亲虽然做过郡里的主簿，为官清廉，在任上也没攒下什么，辞职以后家庭生活就更清苦了。一天到黑，小车胤就愁无法读书，只好白天多学点，夜晚默记背诵，别看车胤人小，心眼儿可灵了。

一个盛夏的夜晚，他坐在院里正为没法学习感到可惜时，忽然看见许多萤火虫一闪一闪地在空中飞来飞去，发出点点亮光，愁眉不展的车胤心里刹那间亮堂了。他想，要是把这些萤火虫放在一起就是一个多好的不用钱买的灯啊！于是，他系好头巾，找了一块粗布做了一个丝网，再找来一根竹竿，把丝网安在上面，然后来到窗前用网网萤火虫。可惜，院子里只有几只萤火虫，三下两下就网没了。他把落在网里的萤火虫放到小瓶子里，擎着丝网杆子出了院门，在门口又网了几只，可是还不够。这时天已经很黑了，夜深人静，他大着胆子来到村口。村口地头草丛里的萤火虫可真多，他一气网了好几十只。回到家里又做了个丝网，把捉来的萤火虫放进去，然后把网口扎上。透过丝网的空隙，萤火虫绿荧荧的光把屋子照亮了，这真比小油灯还强呢！车胤借着萤火虫的光，十分高兴地读起书来。

就这样，他每天晚上就着萤火虫读书，读了一本又一本，他的知识越来越丰富。最后，成为东晋学者中的佼佼者。他的故事更为人们广为传颂，人们常用车胤囊萤夜读的故事来砥砺自己刻苦勤学。

19. 祖莹映炭夜读

祖莹，字元珍，北朝范阳遒县（今河北涞水县北）人。他出生在世代做官的人家，小时候既聪明，又勤奋，8岁就能背诵《诗》和《书》并且还会做诗写文章。亲属们都称赞他是"圣小儿"，意思是小神童。

据《魏书》记载，祖莹读书非常刻苦。他总觉得白天的时间不够用，因此常常夜里攻读。父母怕他累坏身体，多次阻止，不让他夜里看书。但他学习如饥似渴，觉得晚上不读书太可惜。父母为这事常犯愁。一天，父母把家里的灯盏、烛台都藏了起来。祖莹知道这是父母不让他夜读，就悄悄地把炭拣在小炉子里，然后盖上一层薄薄的灰。一到夜晚，他拨开灰层，将炭吹红，再用衣服被子把窗户遮上，不让光线透出去。就这样刻苦攻读，博览群书。

为了学到更多的知识，他又拜当时的中书博士张天龙为师，学习《尚书》。祖莹投师后，学习更加刻苦用功。有一次，老师清早就要给同学们讲《尚书》，祖莹由于读了一夜没有睡觉，昏头昏脑地把另一个同学的一本《曲礼》当作《尚书》拿去上课。到了课堂才发现自己拿错了书。可是老师很严格，他不敢回去换书，只好硬着头皮听讲。这堂课刚好老师叫他读《尚书》。由于祖莹平时非常努力，早就会背《尚书》了，他虽然没带课本，可是凭自己的记忆，照样准确地把《尚书》背诵了三篇，一字不漏。

北魏当政人物很注意这个远近闻名的"圣小儿"，就选拔他去做"中书学生"。这使祖莹获得了更好的学习环境，加上他刻苦不懈地攻读，长大后终于成为一个很有知识的学者。他才华出众，远近闻名，很受当时皇帝的赏识，被任命为太学博士、殿中尚书、车骑大将军，并有文集流传于世。

20. 顾欢痴心求学

顾欢，字景怡，南北朝时吴郡盐官人。

他从小就勤奋好学。6 岁那年他捡到几片残缺的甲子竹简，上面刻有古代数学的计算方法，他像得了宝贝似地拿回家反复研读，就凭几片残缺的甲子简，他竟然弄通了古代数学《六甲》。

顾欢的家境贫困，世代务农。他父亲是个老实厚道的农民，看到孩子喜欢读书很高兴，一心一意支持顾欢学习。可是像他们这样的家庭哪里请得起先生来教书呢？就是送列学馆去学习，学费也花不起呀！

村东头有所学馆，学馆里的读书声时时刻刻吸引着顾欢。一有空，他就来到学馆附近大柳树底下，远远地瞅着教室里的孩子们听先生讲课，真是羡慕极了。他在大柳树下一站就是半天。

一天，他想听听先生到底讲的是什么，于是便悄悄地来到后窗下，听得还挺清楚呢！只听先生讲："孔夫子说'学而不思则罔，思而不学则殆'。这句话的意思是说，我们求学，如果只是专门诵习课文，不把事理用心思索，就要昏昧，没有进步；相反，如果只是认真思考而不用心学习书本知识，也会脑子里装满了问题而得不到解决。因此既要学习书本知识，又要认真思考问题。"老师讲得多明白呀！自己也看过《论语》，可从来也没有理解得这样清楚。

从此，顾欢迷上了学馆。没钱进学馆学习，就在学馆的后窗下偷听先生讲课，一边听一边默记，回去就把先生讲的课文默写下来。他的记忆力特别好，听过不忘。天长日久，顾欢把《诗经》、《礼记》、《论语》、《孟子》等课文全默写下来了，而且反复研读。就这样，学馆里的学生毕业时，顾欢也毕业了。

顾欢不但学到了很多知识，而且文章也写得很好了，同时还学会了写诗，这时顾欢才年仅 *18* 岁。

他学习劲头很高，很勤奋。白天干活在地头休息时，马上拿出书看。回到家里，每到晚上，家人都睡觉，他仍然刻苦攻读，勤学不懈。夜晚，家里无钱买油点灯，他就想办法"燃糠自照"。

秋收的季节到了，父亲让顾欢去田里看庄稼，不让鸟雀糟蹋粮食。在田里，他听到柳树上的黄雀的叫声是那样清脆委婉，抬头仔细看，黄雀有的在树枝上跳来跳去，有的背负蓝天自由自在地飞翔，他看得入了迷，即兴做了一篇《黄雀赋》。这时成群的黄雀正尽情地啄食地里的麦子，他一点儿也没有觉察到。等他作完了诗，想起了还有看庄稼的任务时，麦田里的麦子已有不少已经成了麦秆了。他颓丧地回到家里，把事情的经过对父亲说了，父亲气得拿起烧火棍要揍他，然而当他看了顾欢写的《黄雀赋》之后，又转怒为喜。

不久，父母相继去世，顾欢的生活更艰苦了，然而他读书也更勤奋了。他的学问越来越渊博，远近闻名。后来他在天台山设学馆教学，闻名来求学的人很多。

当了先生之后，每当他打开书本准备给学生们讲课的时候，他就想起了童年在学馆窗外偷听先生讲课的情形，也想起了那位到现在也叫不出名字，然而却给了自己那么多知识的先生。那位先生的沉稳铿锵的语句，似乎还在他耳畔回荡。于是他就把整个身心沉浸在书本里，也像那位老师一样语调铿锵地给学生们讲学。但每当讲到《诗经》《废蓼》篇时，他就想起早亡的父母，想起自己孤独的少年时代。讲着，讲着，便哽咽着讲不下去了。于是，用书本掩着脸哭泣起来。从此，学生们都不让他讲《废蓼》一章。

顾欢在自学的同时，还拜名人为师，他的学问越来越渊博，终于成了著名的学者，著有《三名论》等书，为后世学者所推崇。

21. 江泌映月读书

江泌，字士清。南北朝时洛阳考城（今河南兰考）人。曾任南中郎行参军及国子助教。他在任期间为官清正廉洁，家里从来不使用奴婢童仆，家中的活计都是他与他的兄弟们亲自动手去做。下属的官吏、差役有病有灾，生活有困难的，只要是让他知道了，一定拿出自己的钱来资助他们。属吏去世了，他也要花自己的钱，为他们买棺材安葬，因此下属都十分爱戴他。

江泌自幼聪明好学。家中生活十分贫苦，他天天要帮家里削木头做木鞋来维持生活。但是，艰难的生活没有磨灭他的学习意志。他胸怀宽广，志向远大，立志攻读经史。家里穷供不起他去学堂里读书，他就立志自学。他把鞋摊摆在一个学堂附近，能够听得见学堂里面先生的讲课。每天一边削木鞋底，一边听先生讲课。江泌白天忙着做活，晚上读书，往往要读到深夜。即使有时白天做活非常劳累，晚上十分疲劳，也从不间断学习。

晚上读书学习，需要灯油，而他一读就读到深夜，灯油用得更多了。他家穷得连做菜都没有油，哪来油点灯读书呀。时间长了，江泌妈妈怕他读书耗油太多，天一黑，早早就把灯吹灭，并把灯藏起来。没有灯光，夜里怎么读书？江泌只好静静地背诵或默记学过的知识。

一个中秋节的夜晚，江泌陪着父母在院子里赏月，看见明亮似镜的月亮，照射着皎洁的月光，他灵机一动，心想，在月光下读书不是也行吗！于是，他就着月光看起书来。就这样，他天天就着月光读了不少书，再也不愁点灯费油，夜晚无法读书了。

一次，他读书着了迷，读着读着，月光斜移，原来透过窗户照进屋子里来的月光一点也没有了。他抬头一看，原来月亮已经悄悄地爬到屋子那边去了，屋子挡住了月光，所以字看不清了。江泌就拿着书本跑到院子里来看书。过一会，又看不清了，他干脆就登着梯子爬到屋顶上映着月光读书。他看着看着，到了后半夜，因为白天太累了，晚上看书时间长，他疲倦地趴在屋顶上打起盹来，结果从屋顶上滚了下来摔在地上，这时他的手还紧紧握着书。幸亏家里是茅草房，屋檐不高，没有摔坏，只是脸上、膝盖擦破了皮。江泌真有点犟劲，他从地上爬起，拍拍身上的尘土，又爬上屋顶，映着月光读起来。

江泌映月读书的故事一直流传到现在。

22. 玄奘历尽艰险取佛经

玄奘，俗名陈祎，洛州缑（gōu）县（河南偃县）人，唐朝著名高僧，中外文化交流的卓越使者。

玄奘幼年时期，家境十分贫寒，*11* 岁就出家当了和尚。但他勤奋好学，经常到各地听高僧讲学。

玄奘 32 岁的时候到长安，拜名僧为师，深入钻研佛教各派经典。一天，天竺国（古印度）一位高僧来到长安讲经，介绍天竺的那兰陀寺有位戒贤法师很有学问，对佛教各派学说都有精深研究。玄奘决心去天竺向戒贤法师学习。

玄奘 34 岁的时候，只身一人离开长安，去天竺。当时的交通很不方便，到天竺的路途又非常遥远，艰难险阻数不胜数。但玄奘抱定了舍身求学求法的决心，没有为艰难困苦吓倒，只身一人踏上西进天竺的征途。

一天，玄奘走进了大沙漠，这里不仅人烟绝迹，就连鸟兽的影子都看不见。走了一天，他感到十分疲劳，就下马歇息，取下挂在马鞍上的皮囊想喝口水。不料，一时不小心，皮囊掉到了地上，仅有的一皮囊水全洒在了沙漠里，他十分懊悔。于是，决定回去取水，拨转马头，向东走了十几里路。这时，他想起：出发前立下誓言，不到天竺决不向东后退一步，现在怎能因水而东退呢！他又立即调转马头，继续向西北行进。就是在这样难以忍受的困苦中，走出了沙漠。

玄奘历尽了千辛万苦，冒着数次生命的危险，用了四年时间，行程五万里，沿途拜访了十六个国家的名僧求法。终于到了北天竺摩揭陀国的那兰陀寺。

玄奘拜印度著名的佛学大师戒贤法师为师，学习《瑜伽师地论》。戒贤法师虽然年事已高，多年不讲经了，可是却特地为玄奘开讲，一连讲了十五个月。经过刻苦努力，玄奘很快掌握了天竺佛学的要义。那兰陀寺有僧众一万多人，其中通晓经论 20 部的只有 1000 多人，通晓 30 部经论的只有 500 人，通晓 50 部的连玄奘在内只有 10 人，全部通晓的只有戒贤法师一人。玄奘起早贪黑，刻苦钻研了五年，终于通晓了全部经论，成了很有学问的佛学大师。

玄奘并没有就此满足。他又到印度的其他一些国家继续学习，学识更加渊博。经过六年的学习后，玄奘又回到了那兰佗寺。戒贤法师叫玄奘主持讲席，给全寺僧众讲经。一次，有个婆罗门教徒，写了40条经文，挂在那兰陀寺门口，高傲地宣称："如果有人能破我一条，我甘愿把头砍下来认输。"几天过去了，没有一个人敢和他辩论。这时，戒日王请求玄奘出来驳斥那个异教徒。玄奘叫人把寺院门口所挂的40条经文取下来，请戒贤法师等做见证人，把那个婆罗门教徒驳得哑口无言，只好低头认输，请求履行前言。玄奘笑着说："佛门弟子是不杀人的。你就留在我身边做杂务吧。"这个婆罗门教徒高兴地顺从了玄奘。

公元642年12月，印度的羯若鞠阇国首都女城，举行了一次规模盛大的佛学学术辩论会。参加会议的有印度十八个国家的国王，熟悉佛教教义的三千多僧人，那兰陀寺的一千多僧人，还有很多其他方面人士。这是印度文化史上一次有名的盛会。大家一致推举玄奘为论主（主讲人）。玄奘在大会上宣讲了他的佛学论文，并由人抄写一本，悬挂在全场门口，供大家讨论。会议开了18天，无一人提出疑问。对玄奘都很佩服，公认他是第一流的佛学学者、大师。散会那天，按照印度的传统，请玄奘骑上装设华幢的大象游行一周，表示对他的尊敬。从此，唐僧玄奘的名声传遍了印度。

公元645年，50岁的玄奘回到了长安，朝廷和人民都很敬重他。千百年来，玄奘历尽千辛万苦，舍身求法的精神，孜孜不倦为中外文化交流献身的精神，一直受到人们的崇敬和传颂。

23. 韩愈百炼出华章

韩愈（768—824），字退之，是我国唐宋八大文学家之首，古文运动的领袖。

94

韩愈于公元768年出生在河南孟县一个有学问的家庭里。他才3岁，父亲就死了，由哥哥收养。10岁那年，哥哥被贬官了，他又随哥嫂流落他乡。一路上，哥嫂经常给韩愈讲故事，希望弟弟将来能够成才，重振家业。因而讲得最多的是古人业绩及他们的故事，以激发韩愈的进取心。如周文王坐牢写了《易经》，左丘明双目失明写了《左传》，屈原被放逐写了《离骚》，孙膑被削去膝盖骨写了《兵法》，司马迁受了宫刑写了《史记》等等。当哥哥嫂嫂绘声绘色地讲完这些故事时，对幼年的弟弟说："人生是短暂的，历史却是永存的。你应该把这短暂的一生用在学习上，虽不求显赫一时，也要有所作为呀！"古人逆境成才的故事和哥嫂的期望，使韩愈很受启发。"我也要当屈原、当司马迁……"在他幼小的心里，一股奋发向上的力量产生了。

他每天早晨公鸡一叫就起床，先到院中做一种名叫"八段锦"的体操，活动一下身体，然后回到屋里读书。他读书非常用功。吃饭没菜，他就拿看书来下饭。在读书中，每当遇到困难，他总是反复默读琢磨，或者向当地有学问的人请教，直到弄懂为止，从不退缩，从不浅尝辄止、一知半解。在学习过程中，他能够由浅入深，循序渐进，而不是东学一本，西看一段。这样他完整地读了大量的诗书和史书。

随着时间的流逝，韩愈已经是一个风华正茂和有一定知识的青年了。他决定走出家庭，到社会上去锻炼成长。

由洛阳到长安学习。一路上，大自然的景致美不胜收：起伏连绵的群山，一望无际的平原，奔腾东去的长江，碧绿无涯的禾苗，使人流连忘返的名胜古迹，一幕幕地映入韩愈的眼帘，为他以后的诗文创作打下了一定的生活基础。

到了洛阳，他过着清贫的生活。为了博览群书，他"贪多务得，细大不捐"。为了"将求多能"，他"蚤夜以孜孜"，"口不绝吟于六艺之文，手不停披于百家之编"。他起早贪黑读书，有时读到后半夜才睡觉。严冬腊月，他也舍不得生个炭火。砚台里的墨结成了冰，他就用嘴呵呵，等融化后再写；手冻僵了，搓搓手继续写，读书读得口干舌燥，喝口温茶继续苦读揣摩。他除了苦读、背诵、深思外，还勤奋地做读书笔记，他读不同性质的书有不同的笔记法，坚持写出纲要。

19岁那年，他告别洛阳，来到京都长安。当时长安文坛上，有一个很有名气的人，叫梁肃。梁肃是主张用先秦、两汉的散文（习惯上称古文）形式写作的一个大作家。韩愈得知后，欣喜若狂，决定登门求教。原来，韩愈在读书中，早就发现先秦、两汉的散文，形式自由，语言活泼，有利于表达思想内容。他自然不放过求学的机会。可是，当他头几次去拜访梁肃时，却未被接见。他毫不灰心，仍然多次去拜访。后来，他的诚心终于感动了梁肃，梁肃接待了他。打这以后，他在梁肃的指点下，古文的水平提高更快了。

以后，韩愈更加积极地倡导古文运动和从事古文写作。无论是给皇帝的上书，给亲友的书信，还是政论文、传记、小品文、杂感等，都是按着先秦、两汉的散文要求，精心撰写。文章的艺术性很高，雄奇奔放，感情充沛，曲折变化，流畅明快，在文坛上影响极大。因此，大家都爱读，而且学习他、模仿他的人很多。在他的倡导下，散文蔚然成风，深入人心。韩愈的名字也因此在文坛上永垂不朽。

24. 白居易少有所为

白居易（772—846）字乐天，出生于河南新郑东郭宅，是唐朝负有盛名的大诗人。

白居易的祖母和母亲都是有文化的人。他从小受到家庭的熏陶，很早开始识字，五六岁时就练习作诗，9岁已经懂得声韵。由于当时社会动乱，白居易11岁就离家出游，南北奔走，从小就接触了社会，看到了民不聊生的现实，并立下了改革政治，救济人民的大志，这促使他更刻苦地读书、写诗。他白天学赋，夜间读书，还挤出时间写诗。他每学一课书，都要反复诵读，一直读到不仅能背诵，而且能深刻领会诗的意境。据说，他因读书读得太多，连嘴唇的皮都磨破了，生了很多疮。写字写得太多，连手臂上也磨起了一层很厚的老茧。他就是这样以坚毅苦学的精神，获得了少年有为诗人的美誉。

"离离原上草，一岁一枯荣，野火烧不尽，春风吹又生"。这是白居易9岁时作的诗，成为千古流传的佳作。

白居易15岁时，拿着自己写的诗稿到长安，向当时有名的诗人顾况请教。顾况一看白居易，心想："一个乳臭未干的毛孩子，能写出什么好诗来。"再一看诗稿作者的名字是"白居易"三个字，便哈哈大笑起来说："长安米贵，居可不易啊！"他根本没有瞧起面前的诗人。但是当他读了上面那首诗时，不禁拍案叫绝："好诗！有这样好的诗句，居天下也不难啊！"他连忙起身重新以礼相待，再也不敢轻慢了。

白居易成名以后，仍然勤奋不息，继续下苦工夫作诗。他的诗以平易自然见长，但是平易不流于肤浅，自然不陷于庸俗。反复品味，足见作者在锻炼字句上所下的工夫。据说，白居易每作一诗，必先读给邻居家一个不识字的老婆婆听，问她："你觉得怎么样，能听懂吗？"如果老婆婆说听不懂，或说不好，他就反复修改。当时有人对他这个著名的大诗人向一个不识字的老妪请教很不理解，认为"俗气"。可白居易却不那么认为，他说："我写诗是给人看的、听的，如果人家看不懂、听不懂，那又何必写呢？"这足以证明了白居易创作时的严肃态度和刻苦精神。

正因为白居易作诗是这样刻苦认真，又能虚心向别人请教，所以他的诗读起来朗朗上口，通俗易懂，深为群众所喜爱。白居易一生作诗很多，流传至今的就有三千余首，是中国历史上一位著名的诗人。

25. 贾岛驴背"推敲"留典故

贾岛（779—843），字阆仙（一作浪仙），范阳（今河北涿县）人，唐朝诗人。

他小时候，家境贫寒，落拓为僧，后还俗。曾任长江主簿，人称贾长江。著有《长江集》。他的诗注重锤炼，刻意求工。"推敲"的典故就是由诗句"僧敲月下门而来"。

唐朝贞元年间。有一天，贾岛又吟了一首诗："闲居少邻并，草径入荒园。鸟宿池边树，僧敲月下门。"题为《题李凝幽居》。吟完，又觉得最后一句不妥，想把"敲"字改成"推"字。斟酌良久，仍举棋不定。不知不觉，他骑驴来到京城长安街上，情不自禁地重复吟道："鸟宿池边树，僧敲——"当他吟到"敲"字时，停了一下，右掌朝前做了一个推门姿势，嘴里吟道："僧推——月下门。"紧接着又摇摇头，用右手食指作了个敲门的动作，随口吟道："僧敲——月下门。"周围的人见了，哈哈大笑，以为遇上了疯癫。

忽然，远处传来一阵急促的马蹄声和威严的吆喝声。围观的人立刻四散逃去。贾岛仍然沉浸在诗的"推"、"敲"中，毫无知觉。突然，有人把他从驴背上拉下来，捆了起来。这时，他才醒过神来：原来，竟闯进了官府的仪仗队。这可不是儿戏，要被治罪的呀！

贾岛立即被押到一位骑在高头大马之上的官员面前。原来，这位官员就是当时京城的地方长官、著名文学家韩愈。韩愈看到贾岛那副儒弱书生的样子，想他不是来闯仪仗队的。等问明了原因，便喜欢上了这位认真好学的青年，忙叫人给他松绑，请他回府细谈。

回府后，韩愈谈了自己的看法，说："你的诗题是《题李凝幽居》。幽居，谢绝外人，大门必然常闭。门若虚掩，可推门而入。既然常闭之门，而且又是夜里月下找人，应该是敲门。这才与幽居相应。"贾岛听了，顿时恍然大悟，连忙致谢。

韩愈留贾岛在他的府上住下来，教他写诗为文的章法。屡举不中的贾岛终于考中了进士，并成为当时著名的诗人。"推敲"也成为典故流传于世。

26. 李贺瘦马锦囊凝新诗

唐朝著名青年诗人李贺（790—816），字长吉，福昌（今河南宜阳西）人。

他父亲李晋肃是一个低级小官，但很重视家庭教育。在李贺4岁时，就教他读书识字；5岁时，又给他讲解诗文。李贺聪明早慧，又肯认真学习 所以进步很快，7岁就能写诗。在青少年时期就写下许多优秀诗篇，后人曾称他是"天纵奇才"（《唐诗品汇》），似乎他的才能是天生的。其实，李贺的诗是他呕心沥血的艺术结晶。

李贺从少年时代起就把全部心力倾注于诗歌创作。为了搜集创作素材，他经常吃过早饭就出门，骑上一匹瘦马，背着一只旧锦囊，外出游历，观察生活。每当他触景生情，偶有所得时，便立即把涌入脑中的诗句记在纸条上，然后投入锦囊中。晚上回到家里，他再把那些记有零星诗句的纸条一一掏出来，对着昏暗的油灯，进行加工整理。他总是精心构思，反复琢磨，然后磨墨铺纸，写成一首首新奇瑰丽的诗篇。其母见他锦囊里竟有那么多纸条，总是埋怨说："这孩子要把心都呕出来才肯罢休啊！"

李贺从小身体瘦弱，母亲怕他累出病来，禁止他再这样呕心写诗。李贺总是笑着劝慰说："母亲放心，孩儿不会累病的。"吃过晚饭，他回到房里，又继续写诗了。

李贺在《长歌续短歌》中写道："长歌破衣襟，短歌断白发。"为了写诗，衣襟磨破了，少年头发白了，这是他辛勤从事创作的写照。由于他平时注意深入实际观察生活，认真积累素材，所以他的诗构思新颖，想象丰富，意境奇丽，色彩浓郁，具有强烈的艺术感染力。他的诗句如"黑云压城城欲摧，甲光向日金鳞开"（《雁门太守行》），"衰兰送客咸阳道，天若有情天亦老"（《金铜仙人辞汉歌》）等，都是千古传诵的名句。毛主席在《给陈毅同志谈诗的一封信》中曾指出"李贺诗很值得一读"。

李贺的父亲死得早，家庭情况困窘。因为他父亲名叫晋肃，"晋"与进士的"进"同音，为避父讳，李贺不能参加进士考试，只做过奉礼郎那样的小官。他一生抑郁不得志，才活了短短 27 岁，却为后世留下 233 首诗歌，其中大多是名篇佳作。他的诗在艺术上善于熔铸词采，驰骋想象，具有浪漫主义色彩。著有《昌谷集》。

27. 韦述十岁阅书两千卷

韦述是唐朝有名的学者、史学家，曾撰定唐朝《国史》112 卷。当时学者萧颖士把他与《三国志》的作者、史学家陈寿相提并论。

韦述的父亲韦景骏曾任房州刺史，也是个学者，家中藏书十分丰富。韦述童年时代就养成了勤奋好学的良好习惯，还不到十岁的年纪，父亲珍藏的两千多卷书籍他已经读得烂熟。

景龙年间，韦景骏调任为肥乡县令，全家也搬到肥乡县。当时名望很高的学者元行仲，是韦述的表兄，正任洺州刺史，肥乡县在其辖区之内，因此两家来往比较密切。韦述经常到元行仲家里去，去了之后就钻进元行仲的书房里废寝忘食地阅读，有时一直阅读到晚上也不出门。元行仲虽然是他的表兄，但两家是远房亲戚，他的年纪可比韦述大得多了。他看到这个小表弟这样好学非常高兴。有一次，韦述又来到元行仲家看书，元行仲就和他攀谈起来。一经谈话，他才发现别看韦述年纪小，学问可不小，经籍史书他都通晓，随便提起历史上的某段史实，韦述都了如指掌。而对《五经》也造诣很深，议论起来，见解精到，简直不亚于当时第一流的学者。元行仲又试着让他写文章，韦述提起笔来一篇千字文竟一气呵成。元行仲十分惊喜，晚上就留下这个小表弟与自己睡在一起。

经过元行仲地指导，韦述有了长足的进步。过了几年，不过十几岁的年纪，韦述就进京参加科考。那年，恰好著名的学者诗人宋之问做主考官。宋之问见韦述又矮又小完全是个孩子，感到很惊奇，就对他说："韦学士，我看你也不过是十几岁的年纪，学业上有什么成就啊！"韦述毫不迟疑地回答说："我正撰写唐史，现在已经完成了30卷。至于策论与文章水平，那你等着考试完毕看结果吧！"宋之问笑着说，本来朝廷要选拔优异的人才，想不到却招来了司马迁、班固这样的天才。经过科考，韦述果然中了进士。

开元五年，由栎阳尉秘书监马怀索负责组织元行仲、王殉、吴兢等26位学者整理编写国家图书馆藏书目录，韦述也成为其中的一员。在整理图书的工作中，韦述仍保持着他勤奋好学的习惯。当时学者柳冲先整理完了200卷《姓族系录》的目录，韦述对谱系学非常感兴趣，于是白天在秘书阁完成自己所分担的任务，晚上就把《姓族系录》抄写完毕。这时他已经成了研究姓氏源流的专家，不但详尽掌握了中国的姓氏源流，而且还在研究古代姓氏演变的《姓族系录》一书的基础上又编写出研究姓氏谱系的《开元谱》20卷，丰富并发展了谱系学。他的严谨治学精神受到同僚的一致赞扬，并因而被晋升为学士。

《旧唐书》记载：韦述一生"在书府四十年，居史职二十年"，六十年中"嗜学著书，手不释卷"。唐朝时很多学者都想撰写出一部国史。著述《唐史》的工作早在令狐德棻开始，直到与韦述同时代的学者吴兢为止，历经多少学者修撰都未完成，而韦述穷尽毕生精力，搜集素材，汇编撰写，终于完成《唐史》120卷。韦述撰写《唐史》材料翔实，文笔流畅，言简意赅，的确不愧为宋之问所说的是"迁、固"之才。后来安禄山叛乱，京城被攻陷，长安一片火海。在火海中，韦述抢救出《唐史》，它成为以后张昭远等撰写《旧唐书》以及欧阳修撰写《新唐书》的重要参考资料之一。韦述为中华民族文化的传播与发展做出了不可磨灭的贡献。

28. 柳璨燃叶照书

柳璨是晚唐时河东人，少年时代家境很苦。

他家住在小沟里，他天天上山砍柴，每逢集市就挑着柴禾上市去卖，靠卖柴换来点钱维持生活。就这样，家里还常常揭不开锅。与他家有联系的都是穷亲戚，也帮不上什么忙。只有一个近亲叫壁批的，在京城里当官，可是这个亲戚势利眼，不愿意跟他们家这门穷亲戚来往，信也不通一封。

柳璨是个有志气的孩子，家里穷，别人看不起，他也不在乎。他立志求学，刻苦读书，目标是将来考中进士，干一番事业。然而要考取进士谈何容易，有的读书人家庭环境很好，有足够的经费，有专门聘请的老师辅导，努力了一辈子尚且连个秀才都很难考中；

有的须发斑白了，连个举人还不是。一个穷人家的孩子要考中进士，这在当时简直比登天还难。

学习需要书本，当时虽然印刷技术已经有了进步，然而印一本书成本很高，买一本书要价很贵，像柳璨这样的穷人家的孩子怎么能买得起呢？没有书，柳璨就向人家借书看。有的书借来之后就马上抄下来，保存起来供长期使用。纸笔困难，去山上打柴休息时就用树枝在地上练习写字。晚上没有灯油，就用树叶燃起一堆篝火，然后借着篝火的光看书。深秋时节天凉了，他对着篝火看书，前胸暖后背凉，有时因此而感冒了。就是染病在床，他也不忘记读书。经过刻苦努力，在光华年间，他终于考中了进士。而且是进士中的佼佼者。于是，被派往国史馆做了直学士。

在国史馆任职期间，由于他精于五经、涉猎百家，学识渊博而且记忆力强，同僚们遇到疑难问题不去查辞书，都去找他。因此，在同僚中他威信最高，同僚给他起了个绰号叫"柳书箱"，把他看成一本活的百科全书。

唐昭宗爱好文学，尤其喜欢学问渊博、下笔成章的文人学者。原来他身边有个学者李溪因罪而判处死刑，他就想再选一个学者为他起草诏书，朝臣们一致推举柳璨。于是，昭宗在内殿召见了柳璨。昭宗测试柳璨的学问，非常满意，当场晋升他为翰林学士，专事草拟诏书，起草文告。昭宗在学习上有什么疑难问题，也经常向他请教，对他的信任远远超过了李溪。

29. 欧阳询三临碑刻

欧阳询，唐朝著名书法家。

欧阳询小的时候，就十分喜欢书法。尤其喜欢王羲之、王献之的书法。

一天，他在一家文房用品店，发现了一本《指归图》，不由得心中十分欢喜。因为这是"二王"书法入门之书，非常难得。

"店家，我想买这本书，要多少钱？"欧阳询问。

"看得出来，您很喜欢这本书，我可以少要点儿。"老店家算了一下，为难地说：这本书原本是很贵的，少算也得三百缣（注：缣，当时代替流通的货币），怎么样？"

"店家，您要得虽然不多，价格也算便宜，但我确实没有那么多钱，现在只能付您一部分，余下的分期付给您行吗？"欧阳询以商量而又十分为难的口气说。

店家见他诚恳，对书爱不释手，又是常来的主顾，于是爽快地说："可以！可以！"

几十页的《指归图》，欧阳询竟研究了一个多月，解决了他在书法研究和实践中产生的许多困惑不解的问题，使他一下感到豁然开朗。

王羲之、王献之的书法，造诣高深，可是他们的源头又在哪里，欧阳询又开始了对这个问题的探讨。

一次，欧阳询外出途中在一座荒废的古庙前，发现一块碑，便停下观看碑刻，字体很好，看到落款，才知道是晋代著名书法家张芝的弟子索靖所写，很令他赞叹！

走了一段路后，欧阳询又想到刚才看过的碑刻，头脑里竟没留下印象，感到十分遗憾。这条路以后也不会再走了，不行，应该回去再看一下。想到此，他又快马回到古庙，认真地从前到后看了几遍，觉得字的结构、笔势等方面安排很有章法。这时，天色已经不早，他不愿离去而又不得不离去了。

欧阳询骑在马上，一边走一边想着那碑上的字。有的书中说索靖的书法像"高山中裂、水势悬流"，真是名不虚传！难怪书法名家评他的字"妙有余姿"，极富变化。欧阳询一边想，一边用手指就比划了起来。可突然又停住了，有个字的运笔方式怎么也想不起来了。还有几个草书不像草书，还带些隶书意味的字，是怎么收笔的？全都忘了。他不由得勒住了马。

"不行，还是印象不深，没记住。"他想，"晋代以来，北方这种古碑很少，我纵然下次再路过这里，说不定这碑或许还不在了呢！唉，机不可失！"他又一次调转马头，回到古庙。这时，天色已晚，碑上的字已很难看清了。欧阳询只好从马背上卸下行李，准备过夜，等待天明再看。

欧阳询一连看了三天，总算把全部碑文从整体到细节，都进行了细致地研摹，融为己有，才满意地离开古庙。这回他不但记住了碑文的布局、气势，甚至连笔画、结构、笔势等也都尽皆形神在心。他不但学到了索靖的书法，而且，还摸索到了书法发展联系的一些线索。

欧阳询经过刻苦钻研，在总结各家所长与传统的基础上，创造了具有自己风格的，有如金刚瞋目、力士挥拳、戈戟轩然、笔力刚劲的"欧体"。欧阳询的书法楷书，被称为唐代第一，对后代书法影响很大。对我国书法发展做出了很大贡献。

30. 郑虔在柿叶上练字

郑虔是唐代书法家（生卒年不详）。当初，他对练字很感兴趣，一心想要练一手好字。但家里贫穷，常常吃了上顿没下顿，连件完整的衣服都穿不上，哪里有钱买纸练字呢。正在他苦恼的时候，听说长安城南的慈恩寺里贮存了几屋子的柿子叶。他想用柿子叶练字不也可以吗？他跑去慈恩寺一看，满满的几屋子柿叶子，高兴的他立即找到寺里的和尚，说："师傅，我要租间房子，您最好能把靠近贮存柿叶的房间租给我。"

那些破屋子，夏不避风，冬不避寒，谁也不愿住。和尚关切地对郑虔说："你这小小的年纪，住这样破屋，会损害身体的。"可郑虔偏要租，跟和尚缠个不休，和尚也只好同意了。

郑虔住到寺里，每日闭门不出，只是读书写字，从不间断。雨天，屋顶漏雨，他就细心地挑个漏雨小的地方继续练。天气寒冷时，手和脚冻木了，他就跺跺脚，搓搓手，或者抱来一堆柿叶子围在身子周围挡挡寒气，继续练。他用柿叶练字，写了正面，又写反面，经年累月，把寺里贮存的几屋柿叶都写完了，终于练出一手好字，成为著名的书法家。和尚这才知道郑虔租屋，原来是利用柿叶当纸哩！

郑虔成名后，不少人到慈恩寺来参观，和尚就让他们看郑虔练字的房间。

31. 吴道子蒸饼悟画

吴道子，阳翟（今河南禹县）人，唐朝著名画家。

吴道子自幼孤贫，爱好学习。为了学习书法，他历尽千辛万苦，只身到浙江、江苏向书法家贺知章、张旭求教，未取得进步。后改学绘画，虽遍访名师，仍无成就。两次失败，使他有些心灰意冷。

一天，他来到一座庙宇，看见庙前有一个妇女在卖馍饼。她后面左右两边又各有一位妇女。左边的在和面做馍，右边的用馍具蒸烤。左右两人相距丈许。只见左面的用面做成薄馍后，随手一扔，那馍滴溜溜地旋转着，不偏不斜正落在右边妇女的馍具内。右边的接馍后，一面烧火，一面翻馍。馍熟了，她用竹片一挑，那熟馍也飞起来，正好落在八尺外卖馍妇女的竹篮内。一块又一块，摞得整整齐齐。过路人看了，无不拍手叫绝，抢着来买馍。

这情景，把吴道子看呆了，好一会儿才回过神来。他走到卖馍人跟前，买了一块馍，随后问道："请问，卖馍大婶，飞馍的技艺有什么诀窍吗?"卖馍的妇女答道："这没有什么，只不过手熟罢了。天天烙，月月烙，日子长了，自然熟练了。"吴道子听了，顿觉豁然开朗。他领悟了一个道理："学习书法、绘画，也是同理，熟能生巧，功到自然成。"

从那以后，他更加勤奋，见山画山，见水画水，见人描人，见树绘树。到了 20 岁时，他就成了远近闻名的画家。

但他不满足于现有成绩，还要拜师深造。远学南朝画家张僧繇，近学当代画家张孝师。

功夫不负有心人。他所画的人物，笔迹拓落，形姿雄劲，生动而有立体感。中年后，他的笔法变得更加遒劲、圆润。点划之间，时见缺落，有笔不周而意周之妙。后人因此把他和张僧繇并称为"疏体"。

吴道子绘画总是精益求精。他在长安、洛阳二地的寺观作壁画 300 余幅，无不是珍品。他所画人物的衣褶，飘飘欲举，后人称"吴带当风"。吴道子的山水画也自成一家，曾在大同殿墙壁上，画出嘉陵江 300 余里山水，大笔挥洒，一天就画完了。

吴道子绘画的艺术成就，对后代产生很大影响，后人尊他为"画圣"。宋朝苏轼说："画至吴道子，古今之变，天下之能事毕矣。"

吴道子持之以恒，熟能生巧的学画过程，对后人启示很大。

32. 韩干临厩画马

韩干是唐代的一位大画家，尤其以画马而闻名。

他小时候，一天学也没上过。他父亲是个老羊倌，但懂得一点绘画本领。每当韩干与父亲一起放羊时，他便学着父亲的样子，拿着石子在地上画来画去。久而久之，他画的东西越来越形象，越来越逼真了。

为了能挣点钱拜师学画，在韩干刚满 12 岁那年，父亲便把他送到了一家小酒店去当伙计。这个活又苦又累。每天，酒店里所有的杂活都要由韩干去做，完事后，他还要替店主人给各处的主顾送酒。

每天晚上，累得直不起腰的韩干，乘主人休息后，便开始画自己的画儿，他住的那间堆放杂物的小屋内，油灯往往是亮到天明。

有一次，有人让他给当时的著名诗人、画家王维家里去送酒。当韩干挑着酒担找到王维家时，恰好王维不在家，他久等无聊，就用柴杆在地上胡乱画些人和马。王维回家后看了他的画，觉得他很有绘画的才能，就鼓励他去学画，并且在经济上给他很大的帮助。从此，韩干就离开了酒店，跟当时著名画家曹霸学画。经过十余年的刻苦学习，他的绘画艺术已有很深的造诣了。

唐玄宗听到他的名声后，便将他召入宫内作画，并要他向宫廷内的一位画马名家陈闳学习画马。但是他并没有照着做。唐玄宗问他是什么原因，他回答说："我有我的老师，皇上马厩里的那些马就是我的老师。"

他在皇帝的马厩里日夜观察，钻研各种马的共同点和不同点。长期的观察，使韩干对马的习性、神态都有了深刻地了解。他在马厩里一住就是 4 年。4 年后，再看他笔下的马，可谓神骏，雄健，跃

108

然欲动，连当时的画马名家都称赞说韩干超过了他们。

33. 桑维翰铁砚磨穿

叛将张彦泽率领契丹军队入京师，后晋的朝廷官员纷纷四处逃散，有的还投降了契丹。张彦泽一路烧杀攻进开封府，只见一位官员在大堂之上端坐不动。他威风凛凛，正气凛然，两眼怒视着张彦泽，好像要冒出火来，并高喝道："张彦泽，不得无礼。"吓得张彦泽两腿发麻，连连后退了三四步。这位临危不惧的后晋官员，就是赫赫有名的开封府尹桑维翰。桑维翰宁死不屈，后来终于被契丹人杀害。桑维翰不但是一位爱国志士，而且是一位学识渊博的学者。

桑维翰，字国侨，河南人。自幼勤奋好学，志向远大，还没到成人的年纪就参加了进士考试。当时社会混乱，谶纬神学盛行，出门办事要选黄道吉日，连科举考试的日期地点也要由巫师占卜来决定，而且忌讳这个忌讳那个，迷信的说法很多。当时桑维翰的考试成绩很好，主考官很满意，本来要录取他为进士，可是一看卷首的名字就把饱蘸朱砂的笔放下了。原来桑与"丧"同音，在这位主考大人看来很不吉利。于是桑维翰就这样"落榜"了。

知道了落榜的原因之后，桑维翰非常气愤，然而却并不灰心。落榜的当天夜里，他就写了篇《日出扶桑赋》来激励自己的志向。当时有的好心人劝他通过别的途径去朝廷作官，不必非要去考取进士了。然而桑维翰不但没听他们的劝告，反而让铁匠给他锻造了一块铁砚台。他把铁砚拿给乡亲们看，说："我从此就用这块铁砚研墨写文章去考取进士，一年不成两年，两年不成三年，直到铁砚磨穿了我才罢休。"乡亲们都佩服他这种坚韧不拔的精神。后来，桑维翰终于考中了进士，并做了翰林学士礼部侍郎。

34. 喻浩苦学建筑营造

喻浩是北宋初年浙江的一位著名的建筑家。他擅长营造，特别擅长于建宝塔，被誉为"造塔鲁班"。宋朝的大文学家欧阳修曾经称赞他说："国朝以来，木工一人而已。"还有一句民谣说："诗词数白公，造屋忆喻浩。"人们将他在建筑上的成就与大诗人李白相比，足以见他技艺之高。

喻浩从小就很喜欢做木工活。他小时候，常常到外面去捡些破木头，将它做成小巧美观的家具、房子、塔等各种玩具。到了二十多岁，他的手艺已经很不错了，能够造厅堂、庙宇、亭台楼阁。

当时，汴京城有一座相国寺，是唐代修建的著名建筑物。相国寺的楼檐造得非常精巧，一般人观看后，赞叹一番也就罢了。喻浩为了弄清它的结构和建造技巧，经常仔细地观察研究。为了学会修造这种飞檐结构，他常常一个人跑到寺前去观察。

有一次，他来到相国寺，起初是站着看，累了就坐下来看，坐久了又躺下来看。他躺在门楼的地上仰视观察，足足躺了一个时辰。寺里的人误以为他是无家可归，栖身寺门的乞丐，拿起棍棒要赶跑他。当有人认出他是大名鼎鼎的高手巨匠时，才消除了一场误会。

就这样，他在相国寺外面，边看边琢磨，接连看了许多日子，终于弄懂了其中的结构和奥妙，掌握了制造这种飞檐的技术。

不仅如此，为了钻研建筑艺术，他每到一地都要仔细研究当地的气候条件、风俗人情，作为设计工程的参考。所以他在建筑方面取得了很高的成就。

北宋建国初年，浙江一带仍存在着"十国"之一的吴越国。吴越国王在国都杭州梵天寺建造一座方形的木塔，叫梵天寺塔。当木塔初步建成，还未全面完工时，国王就迫不及待地去登塔。走到第五层时，塔身突然摇晃起来。国王很害怕，停下脚步，并责问主持木塔施工的总司务。这位总司务非常紧张，又不知塔身摇晃的原因，只得对国王含糊其辞地说："这个，恐怕是塔身很高，塔顶又没有盖上瓦片，上截轻了，所以摇晃起来。"

国王说"那好吧，等宝塔盖瓦封顶后，我与王后再来登临，那时候可不能再晃动了！"

宝塔全部完工后，建塔的总司务率领工匠先登塔试验一下，发觉塔身仍然摇晃不已，偶尔一阵风吹来，晃动得更厉害了。怎么办呢？晃动着的宝塔不是要吓坏国王和王后吗！总司务冥思苦想也想不出解决的办法，于是就向喻浩请教。

喻浩仔细听了总司务的叙述，说："好办，这个问题容易解决。""容易解决？"总司务奇怪起来，"你还没登过塔哩！怎么就有办法了？您是不是去查看一下呀？"

"不用了，你照我说的去办吧。"喻浩说："从宝塔的每一层起铺上木板，用铁钉把木板钉住，塔身保证不晃动了。"

喻浩说得满有把握，总司务虽半信半疑，回去后仍然照他说的去办了。

过了几天，塔身内务层都铺钉了一层木板，总司务带着几十个人同时登塔，恰巧遇到当天有大风，而塔身果然纹丝不动。又由于铺上了木板。地面光滑洁净，登高远眺，着实令人心旷神怡。

为了设计各种样式的塔、楼、亭、阁，喻浩时时动脑筋，反复揣摩。每夜睡到床上，他总把双手十指交叉起来放在胸前，不断变换各种形状，搭成建筑物的样子，并进行排比、归纳、取舍。

晚年，他又花了五年时间，完成了中国第一部关于木结构建筑的著作《木经》，共三卷。要知道，他只读过三年书，如没有勤奋钻研的精神，是根本完不成这部专著的。

35. 范仲淹"断齑划粥"

范仲淹（989—1052），字希文，北宋苏州吴县（今属江苏）人，是宋代著名的政治家、文学家。

范仲淹出身贫苦，两岁丧父，母亲无法维持一家的生活，带着他改嫁到朱家。他从小就很有志气，酷爱读书，并经常规劝朱氏兄弟努力学习。朱氏兄弟不知好意，反说："我吃朱家的饭，穿朱家的衣，与你何干？"

听了此话，范仲淹又惊又疑。后来别人告诉他母亲改嫁之事，为此，他感愤已极，自立门户，告别母亲，住进长山醴泉寺的僧房苦读，这时他才十来岁。

这一时期，他生活异常艰苦。每天晚上用粳米熬稀粥一锅，待冷凝之后，划成四块，早晚各吃两块，再切几根腌菜。这就是著名的"断齑（jī）划粥"的故事。

范仲淹在醴泉寺苦读三年之后，为了学到更多的东西，他又佩琴剑，风餐露宿，不远千里来到南都（今河南商丘）寻师访友，进了当时著名的南都学舍。

在南都学习期间，他仍像以前一样食粥苦读。他有个同学是留守的儿子，见他生活如此艰苦，就回去告诉父亲。父亲听了很感动，吩咐儿子带些肉饭给范仲淹吃。过了几天，这个同学又到范仲淹这里来，发现他送来的饭菜已经坏了，可是范仲淹却一口也没有吃。同学不解地问："家父听说你生活清苦，特地让我送些饭菜；而你却不吃，是不是怕玷污了你的品德？"范仲淹回答到："我很感激你们的厚意，但我吃粥已经吃惯了，如果现在吃这样好的食物，以后吃不了苦怎么办呢？"

在南都学舍，他昼夜苦读，困倦了就用冷水洗脸浇头，实在瞌睡就和衣睡下，醒来继续攻读。有时，他每天连两顿粥都吃不上，往往只到黄昏时吃一顿，既是早餐，又是晚餐。就这样勤学苦读了5年，获得了渊博的知识。

由于范仲淹长期刻苦治学，积累了丰富的知识，成为我国历史上著名的政治家和文学家。

36. 司马光用"警枕"促读

司马光，字君实，北宋陕州夏县（今山西夏县）人，是我国历史上著名的政治家和历史学家。卷帙（zhì）浩繁的史学巨著《资治通鉴》，就是由他主编的。

司马光从小爱读书，尤其是喜欢读历史书。他虽然不聪明，但是看到别人有什么长处就下工夫学习，直到超过别人为止。比如，他小时候和哥哥，弟弟们一起学习，感到自己的记忆力比较差，便想办法克服这个弱点。每当老师讲完课，哥哥弟弟们读上一会便扔开书本，跑到院子里去玩的时候，司马光就关上门窗，独自一遍又一遍地高声朗读起来，直至能流畅地背诵，才肯休息。他还利用一切空闲时间，比如骑马赶路，或夜里不能入睡的时候，一面默诵，一面思考。久而久之，他不仅对所学的内容能够精通，而且记忆力也越来越强了，少时所学的东西竟至终身不忘。

司马光作官以后，读书更加刻苦。他为了抓紧时间读书，给自己设计了一套特别的卧具：一张木板床和一个小圆木枕头。为什么要用圆木做枕头呢？因为硬邦邦的圆木枕头，放在硬邦邦的硬木板床上容易滚动，读书困了睡着时，只要一翻身，枕头就滚走，头便跌在木板上。于是就惊醒了，可以马上起来继续读书，不会一觉睡

113

到天亮。司马光给这个小圆木枕头起了个名字，叫"警枕"。

司马光长时期地勤学苦读，扩大了知识面，提高了认识水平，为著书立说打下了坚实的基础。

《资治通鉴》的编修，前后历时 19 年。在《通鉴》的编修过程中，司马光付出了艰巨的劳动。据说，他每天很早起床开始工作，一直到深夜才就寝。每天修改的稿纸有一丈多长，而且上边没有一个草字。等到《通鉴》修完，在洛阳存放的未用残稿，就堆满了两间屋子。司马光在他的进书表上说"平生精力，尽于此书"，绝非虚语。

37. 欧阳修著文的"三多"与"三上"

"一生勤苦书千卷"。这是北宋著名书法家和杰出文学家欧阳修的诗句，也是他毕生勤奋学习的真实写照。

欧阳修（1007—1072），字永叔，号醉翁、六一居士。吉水（今江西）人。他小的时候，父亲病故，贫困的家庭更困苦不堪了。少年时的欧阳修，很爱学习，但没有钱买纸和笔。他的母亲就用芦荻杆当笔，在泥沙上教他认字写字。著名的"画荻教子"的典故就是从这里来的。

在母亲地教导下，欧阳修刻苦学习，不到 10 岁，就已经具备了自学能力。于是，他就借书回家读，重要的自己抄一遍，并把它背出来。几年以后，他把很多书都背熟了。

有一天，他从废纸堆里发现了韩愈的遗稿，已经破烂不堪了。他把这本书捡回家，经过精心修补，认真地读起来，爱不释手，连读了几遍，废寝忘食。欧阳修一下子就被那汪洋恣肆的文采深深地吸引了，他发誓努力学习，赶上韩愈的水平。

欧阳修非常勤勉。他认为写文章有"三多"："看多，做多，商量多也"。因此，他平时总是能够做到：多读优秀作品，多练习写作，多和朋友们商讨文学问题。

欧阳修作文，一向虚心向人请教，从不满足。有一次，欧阳修、谢希深、尹师鲁三人各撰写一篇题材相同的文章。结果，谢文七百字，欧文五百字，而尹文只有三百八十多字，语言精练，结构严密。欧阳修自觉不如，甘拜下风。晚饭后，他提了酒亲自到尹家拜访，一见面就说："小弟向你请教来了。"两人促膝交谈，直到天明。回家后，他没有躺到床上，而是立刻振作精神，字斟句酌地重写一篇。结果，不但比尹文少二十个字，而且显得更加完整，更加凝练了。过后，尹师鲁读了，十分惊叹地说："欧阳修真是一日千里啊！"

欧阳修在自学中尝到了"看多"、"做多"、"商量多"的甜头，但同时也感到做到"三多"时间是至关重要的。欧阳修当官以后，公事十分繁忙，但为了力求实行政治改革，仍然写下了许多相当有价值的诗词和散文。欧阳修写作态度非常严谨，一字一句，反复锤炼。每写完一篇便贴在卧室的墙上，随时看、随时改，直到尽善尽美，才肯拿出去给人看。他在安徽滁州当太守时，曾写了著名的《醉翁亭记》。开头写滁州的山景就写了几十个字，后来修改时，他想这篇游记的重点是写"醉翁亭"，没有必要用过多笔墨描写山景，最后概括成"环滁皆山也"一句，寥寥几个字，洗练明确。有人好奇地问他：哪来这么多时间思考？欧阳修回答：我生平所作文章，多在"三上"，这就是利用马上、枕上和厕上的时间。

欧阳修到了晚年，已经是赫赫有名的大作家了。可是，他仍然把以前所写的文章拿出来一篇一篇地修改，冥思苦想。他的夫人劝他："何必这样吃苦，又不是小学生，难道还怕先生骂吗？"他捻着胡子，呵呵大笑，说："我倒不是怕先生辱骂，而是怕后生耻笑！"

经过一生勤苦地努力，欧阳修给后人留下了很多著作。有《欧阳文忠公文集》、《新五代史》等，还与人合修了一部《新唐书》。他的诗词也写得很好，尤其擅长写散文。他文风平易流畅，委曲婉转，对宋代及其以后的散文发展产生了重大的影响，为我国的文学事业做出了卓越的贡献，成为著名的"唐宋八大家"之一。著名文学家苏轼称赞他："论大道似韩愈，论事似陆机，记事似司马迁，诗赋似李白。"

38.　刘恕谢宴借览

北宋史学家刘恕，字道原，筠州人。他是司马光编著《资治通鉴》、考证历史问题的重要协助者。

当时编写《资治通鉴》，英宗皇帝指定司马光负责，并让他挑选助手。司马光当即回答说："馆阁中文学之士诚然不少，至于专门精通史学的，据我所知，只有刘恕一个人而已！"司马光首先选中了刘恕，在修史的过程中，凡遇史实纷杂难治之处，多由刘恕处理。

刘恕一生勤奋好学，惜时如金。白天，埋头读书，家里人喊他吃饭，直到饭菜冰凉，他还顾不上吃；夜间，上床之后，仍然思考古往今来的历史问题，往往通宵不眠。

刘恕家境贫寒，阴历十月还穿不上棉衣，自然无钱买书，只得靠借书、抄书来满足自己求学的需要。甚至不远数百里，外出求书借读。

一次，刘恕得悉在亳州作官的学者宋次道，家中藏书丰富，就绕道跑去借阅。宋次道让这位远道而来的友人住在家里，办了丰盛的酒席招待他。刘恕却对主人说："你知道，我并不是为了享受佳肴美酒才跑到你这儿来的。这样大吃大喝，岂不误了我的正事！请把这些酒肴都撤走吧，以后不必客气。"他一进书库，立刻就被琳琅满目的图书迷住了。于是，把门一关，独自边读边抄起来。白天顾不得休息，晚上忘记了睡觉。就这样坚持了十多天，把自己所需要的书本全部读完、抄完。临告别的时候，宋次道发现他的双眼都已熬得血红。

刘恕从小聪颖、专心，笃爱史学。13岁时，就从别人那里借来《汉书》、《唐书》阅读。那时的科举考试，不重视历史知识，故一般的读书人对历史几乎茫然无知。而他注重学史，《史记》以下的正史，以至私记杂说、公文案卷，他无所不览。上下数千年的历史事件，也全都了如指掌。

有一天，他和其他一些人陪同司马光去游览万安山，看见山道旁边立着一块古碑，上面写有五代时一些将官的名字。大家都不知道他们是些什么人，刘恕却能一一说出他们的事迹始末。司马光回去一查验有关史书，果然像刘恕所说的那样。

刘恕晚年患有严重的风湿病，半身不遂，关节疼痛难忍。在这种情况下，他还让家里人借来有关的书籍，校正、补充自己的著作。终年仅仅47岁。但在这短短的一生中，他除协助司马光编著《资治通鉴》而外，还著有《通鉴外纪》十卷和《五代十国纪年》四十二卷（后者今已不传）。可惜还有一些著作他尚未来得及写完，就与世长辞了。

39. 徐伯珍在竹叶上练字

徐伯珍是南宋的著名学者，学习刻苦，学识渊博。

有一年夏天的一天，电闪雷鸣，一阵倾盆大雨又铺天盖地而来。这雨，已经下了五六天了。连绵不断的秋雨，导致了东阳太末县北山的山洪暴发。附近的村庄一片汪洋，平地水深一二尺，房屋都浸泡在水中，低洼的地方，水已没了屋顶。水还继续往上涨，村子里的人家都携儿带女地走了。只有村西头的徐家，夜里还亮着灯。当时年仅十岁的徐伯珍坐在两张叠在一起的床上，就着小油灯正专心致志地看书，水在地面上积了已经一尺多深了，可是他全然不顾，像没看见似的。当洪水暴发的时候，左邻右舍纷纷搬家，好心的邻居见他没有要搬走的样子都来催他早点搬家，可是徐伯珍坚决不走，他实在放不下手中书本，等水越来越大，浸进了屋子，他就把两张床叠起来，把油灯拿到床上，继续读书。

徐伯珍很小的时候父亲就去世了，因家里穷，念不起书，买不起纸笔。北山有很大一片竹林，徐伯珍就把竹叶采下来，然后回到家里在竹叶上面练习写字。竹叶用没了，就用筷子杆在地面上比划着练习写字。他的叔父徐璠之与当时著名的学者颜延之交情很深，颜延之当时正在祛蒙山设馆讲学。叔父看徐伯珍学习这样刻苦，有心培养他成才，就把徐伯珍送到颜延之那里学习。徐伯珍在那里刻苦攻读，成为颜延之的高足弟子。十年之后完成学业时，他已经是一名博通经史的学者了。从此他开始执教讲学，他一生曾教过上千名学生。

40. 胡三省注《通鉴》三十年

南宋末年，由于元军南下，大量南宋国土沦丧，人民处在水深火热之中。

当时，在江陵做县令的胡三省，亲眼目睹了元军的烧杀抢掠，心中悲愤不已。出于爱国激情，他毅然投身到抗元的斗争中。

谁知，由于奸相专权，使得南宋朝政非常腐败，胡三省只得愤然弃官，隐居乡里。

胡三省早年读过北宋司马光编的《资治通鉴》这部大书，而且精读过许多遍。一些文人学子读《资治通鉴》时，遇到有不懂的地方常向胡三省请教。胡三省常想："我给这些人解疑难问题，毕竟人数有限。如能把这部书全都注下来，该给世人和后代带来多大好处啊！"

想到这，他的决心更大了，并且立刻动手做起来。

在当时那样的动乱环境下，个人注史，无论从财力、精力，还是劳动量上来讲，都是困难重重的。胡三省不畏艰难，想方设法借来了各种史书，与《资治通鉴》对照着读，然后摘抄整理史料。根据《通鉴》所记的次序，逐条逐句地注解诠释。他日夜努力，寒暑不辍，4 年后，终于写成了《资治通鉴广注》97 卷和史论 10 篇。望着用自己的心血结晶而成的书稿，他露出了欣喜的笑容。

1276 年，南宋都城临安被元军攻陷。胡三省感到自己责任重大，他要保护书稿。

当时，形势非常紧张。有消息说，元军可能要从海上袭来，攻打浙东。胡三省考虑再三，决定躲避到山区去。他约了几个读书人一道，背着沉重的书稿，翻山越岭，西行向新昌逃难。

谁知，正当胡三省与几个读书人行走在山间小道上时，山腰中猛杀出十来个强盗，他们大肆喊杀，手起刀落，把胡三省的同伴杀了。胡三省滚落山涧才幸免于难。

同伴被杀，胡三省悲痛万分，更伤心的是，《资治通鉴广注》书稿也没有了！

胡三省独自一人来到新昌，在一富人家当家庭教师。书稿丢失，并没有使胡三省灰心，人还在，仍可继续写！于是，他白天教书，晚上为《通鉴》作注。

又经过近 10 年的写作，胡三省重新写定的《资治通鉴注》完稿了。这时，元军已攻入浙东，胡三省又得逃难了。他吸取上次书稿丢失的教训，把书稿交给自己的好朋友袁洪，千叮万嘱，然后逃到乡下。

袁洪深知这部书稿的价值。他不辜负朋友的嘱托，把书稿封藏在家中的一个地窖中。后来元军入城，虽大肆抢掠，却始终没能搜寻到这个地窖。

时局平静后，胡三省返回袁洪家，见书稿完整无损，他感动得流下眼泪。

胡三省带着书稿回到家乡宁海，继续修改补充。

这时，他已经七十多岁了，又患气喘病。儿子见老父亲彻夜著书，劝他注意身体。胡三省说："人生在世，总得作为一番，实现这个目的，只有一个'勤'字。所以，只要能成此书，劳累死了又有什么可遗憾的呢？"

的确，从42岁弃官开始，胡三省著书已有30个年头，直到临死前，他的《资治通鉴注》才最终完稿。

41. 王次翁借灯读书

南宋有个学者王次翁，是山东济南人。他学识渊博，五经六艺、诸子百家无不通晓。他家里十分贫穷，请不起教书先生，也没钱进学馆学习，读书全靠自学。学习需要书籍、课本，买不起就向左邻右舍的读书人家借着看，借来之后就连夜抄写下来，然后赶紧把书还给人家。工夫不负苦心人，不到二十岁的年纪，他的学识已经很渊博了。而且他刻苦读书、自学成才的名声也在济南传开了，于是很多读书人都主动地向他请教。有许多希望孩子成材的家长，也主动来拜访王次翁，恳请他教育子女。盛情难却，王次翁就开始设立学馆教学。由于他教书教得好，名气越来越大，因此不但当地的来向他求学，还有很多不远千里背着书籍行李来向他求学的。他的学生越来越多，遍及全国各地，真是桃李满天下。

王次翁虽然学问很深，可是毫不满足，仍锐意进取。后来他放弃了教学这一职业，又考进了京师太学学习。当时京师太学是全国最高学府，王次翁希望能使自己在太学获得更多的文化知识。他进太学学习靠的是几年来教书积攒的一点钱交纳学费。然而学费很贵，外加自己的吃穿与零花钱，他教书得来的那点钱很难维持，只能节衣缩食，把省下来的钱用在买学习用品和书籍上。晚上，他连点灯用的油都舍不得花钱买，就到邻舍太学生的房间里去与人家共用一盏灯读书。他一读书就是到半夜。人家困了，想休息，可是看他读书那专心致志的样子又不忍心撵他走，只好陪着他读。时间长了，两个人在学习上相互切磋，倒成了很要好的朋友。王次翁在太学毕业以后，终于考中了第一名进士。

42. 岳飞苦读

岳飞（1103—1142），字鹏举，相州汤阴（今河南汤阴县）人。岳飞小时因遭水灾，家里一贫如洗，全家依靠母亲做针线活，纺纱织布，赚得几文钱，糊口过日子。

家境虽然贫寒，岳飞却酷爱读书。在母亲的教诲下，他白天上山拾柴时就抓紧空余时间读书写字。晚上没有油灯，就把白天拾来的枯柴，点起来照明诵读。无钱买纸笔，他就把路边的细沙弄回家来铺平当纸，用树枝作笔，一笔一画地练习写字，写了一遍抹平又写，反反复复从不厌倦。

岳飞很聪明，又很用功，贫穷砥砺了他的志气，学习启发了他的智慧。没有多久，他文才大进。母亲看见岳飞聪明敏锐，说不出的高兴，就到附近的私塾里去找老师，宁可自己省吃俭用，也要给岳飞交学费，让他到学校深造。岳飞得到了学习的机会，苦读了几年书，学问增长很大。

岳飞十几岁时，家里实在太穷，只得停止读书，到一个大地主家去干活。那时，尽管农活非常繁重，日子艰难困苦，但是岳飞从不放弃练武和读书。

白天劳动之余，夜间休息之时，他就读书写字，有时甚至通宵不眠。他有很强的记忆力，不论什么书看了就会背。他无书不读，尤其是喜欢《春秋左氏传》和孙、吴兵法。岳飞通过勤奋地苦读，练就了一手好文章。他写的文章，思想细致，分析精密，判断力很强。他作的诗词，意气豪迈，感情充沛。他还练就一手好字，笔法纵逸，尤其善于行书。

岳飞从小一边读书，一边练武。19岁就能挽弓300斤、弩8石。后来，在周侗老先生和著名枪手陈广的传授下，成为武艺超群的人物。

20岁那年，他怀着抗击侵略者，收复中原的壮志从军，母亲在他背上刺了"精忠报国"的训词。后来，岳飞以自己的实际行动实现了这个誓言，成为南宋著名的爱国将领、历史上杰出的民族英雄。

43. 李清照夫妇苦研金石学

宋朝的李清照（1084—1151）和赵明诚，是中国古代夫妻好学的典范。他俩志趣相同，勤奋学习，精心研究金石艺术的故事，历来被传为佳话。

李清照，号易安居士，山东济南人，是宋朝著名的女词人。她嫁给赵明诚时年18岁，当时赵明诚还在太学里读书，家庭情况很不宽裕，夫妻俩省吃俭用，过着俭朴的生活。他们两人都十分酷爱金石艺术，常常互相切磋进行研究。每逢初一、十五，太学放假，赵明诚总是拿些衣物到当铺去质押五六百文钱，步行到相国寺的书摊上，买几本有研究价值的金石碑刻，回家与李清照共同探讨。

两年以后，两人对金石艺术摸到了门径，就立志要"穷尽天下古文奇字"，一一加以研究。他们勤奋地摹写坊间不易见到的孤本书和金石拓片，生活克勤克俭，积下钱来购买名人书画和古玩奇器。

有一次，有个画贩知道李清照夫妇喜欢收藏书画，就拿了一幅南唐名画家徐熙的代表作《牡丹图》向他们兜售，要价20万钱。夫妻俩见画后如获至宝，先把画留下来，然后翻箱倒柜，估算家里可以典卖的一切衣服什物。可是估算了几个晚上也还是凑不足这笔钱，只好把画还给画贩。为此，夫妻相对惋惜不已。

后来，赵明诚考试及第，在青州和莱州一连做了两任太守，生活宽裕些了。于是，便大量搜集书画古玩，从中研究古文字的演变，订正古史中的谬误。

这以后，为了加快研究的进度，他俩不再像以前那样一个人说出一件古书上记载的事，另一个人说出这件事见于某书、某卷、第几页、第几行了，而是分头去研究。每当夜深时，这对夫妇常常是一方被劝回到床上休息后，劝人者却又坐到了桌前。

因为李清照夫妇如此勤奋努力，所以获得了丰硕的成果。几年以后，他们收藏的金石碑刻达到了二千卷，他们对每一卷都进行了系统地研究。最后，夫妻俩通力合作，分头整理，写成了在考古学上有着重大参考价值的《金石录》一书。

44. 王冕潜心绘荷画梅

元朝末期，出了个有名的画家王冕。

王冕从小好学，而家境贫寒。由于读不起书，只好帮着家里放牛。七八岁时，有一天他路过学堂门口，听到里面琅琅的读书声，心中十分羡慕，就偷偷溜进了校门，躲在窗外听老师讲课，听学生们读书。学生放学了，他脑子里还想着刚才听过的课文，竟忘记把牛牵回家。从此，他就经常在放牛的时候偷着去听课。有时候光顾听课，没有把牛拴好。牛到处乱跑，被别人送到他家，免不了向他父亲告状，说耕牛把田里庄稼踩坏了。父亲听了大怒，常常把他狠揍一顿，但每次打过之后，王冕还是照样去听课。

父亲不再阻止他了。家里省吃俭用，省下一点钱，让他到学堂买几本旧书来读。白天，他常坐在柳树下看书；晚上，没有钱买油点灯看书，他就到附近一个庙里，借着长明灯的光亮读书。由于他刻苦勤学，学问渐渐长进了。

这样过了三四年。有一年的黄梅季节，一阵大雨过后，王冕出去放牛。他坐在绿草地上，只见天空里镶着白边的黑云渐渐散去，透出太阳光来，照得满湖通红。湖边山上，青一块、紫一块、绿一块。树枝像铣过一样。湖里十来枝荷花、苞子上清水滴滴，荷叶上水珠滚来滚去。王冕看着这美丽的景色，心里想："古人说'人在画中'，真是一点不错。可惜我这儿没有一个画工，把这荷花画下来。"他转念一想："天下哪有学不会的事，我自己为什么不画它几枝？"

王冕看天色渐渐黑下来，就牵牛回家了。第二天，他托人到城里买了些胭脂、铅粉之类，学画荷花。开始画得不好，练了三个月之后，他画的荷花活像从湖里摘下来贴在纸上的那样。乡亲看他画得这样好，都争着来买他画的荷花。

当时绍兴城里有个叫韩性的老先生，听说王冕如此好学，感到十分惊喜，就收王冕为弟子，教他读书，王冕高兴极了。他从来没有看到过这么多成架的书籍，因此如饥似渴地读起来。到二十岁的时候，他已经把不少天文、地理、历史和经书读得滚瓜烂熟。同时，他还继续学画，尤其喜欢画梅和竹，并且逐渐入门了。

由于勤奋好学，王冕的学识大有长进，在学友中的威信也越来越高。老师韩性去世后，同学们就把他当作老师。

王冕是个很有抱负的人。他研究过兵法，练习击剑，常常自比诸葛亮，想做一番惊天动地的事业。但是，参加过几次进士考试，没有考中，他希望干一番事业的理想也成了泡影。

后来，他教书、卖画攒了一些钱，雇了船，到江南一带作了一次旅行。在杭州，他欣赏了西湖的山光水色，也目睹了人民忍饥挨饿的惨状，尤其看到了南宋皇帝的坟墓和北宋诗人林和靖的坟墓被饥民所盗的情景，心里很不平静，增加了他对元朝黑暗统治的不满，于是写下了《江南民》《江南妇》《伤亭户》等反映劳动人民悲惨生活的诗篇。

王冕后来还做过一次远游，渡长江，过淮河，去大都。在大都，礼部尚书因为非常喜欢王冕画的梅竹，就想方设法把他留下来居住，还想请他做师爷。他谢绝回乡。

这次数千里的游历，王冕领略了祖国北方的风光，扩大了眼界，开拓了胸襟，使他的画进入了更成熟的境界。

王冕回到家乡，从此一直隐居在九里山，以种田卖画为生。他在园子里种上了千枝梅树，把他的画室命名为梅花屋，自称梅花仙。他仔细观察梅花的生长过程，从发芽吐叶、含苞待放到万蕊千花，他都十分清楚，因而作起画来，各种姿态的梅花，在他的笔下总是一挥而就，栩栩如生。

他画的梅以密取胜，但密而不乱，多而不繁。他首创的"以胭脂作没骨体"的画法（不用线条勾画轮廓，而用胭脂打底稿）对后世影响很大。王冕还把自己画梅的经验写成《梅谱》一书，传给后人，留传至今。

45. 宋应星力著《天工开物》

宋应星，明朝时期人，中国古代杰出的科学家，我国古代四大科学名著之一《天工开物》的著作者。

公元 1615 年，宋应星经乡试，中举人。但宋应星对功名富贵却毫不在乎。当时，中国资本主义已有萌芽，一些读书人开始致力于实际学问，宋应星也走上了这条路。他决心写书，写一本与老百姓吃饭穿衣密切相关的书。

宋应星经过一番实际考察和资料查阅后，看到古代关于吃饭穿衣的书已经有过不少。可是，全面而又详细的记载各种科学技术和制造工艺的书，还不曾有过，而且有些书还需要补充和订正。据此，宋应星决心写一本包罗衣食住行学问的书。

宋应星从农业开始写起：人所以能活在世上，靠食五谷为生。五谷是靠人种植的。在养活人们的粮食中，稻占十分之七。稻分两大类，有粳米、有糯米……

写到这里，宋应星写不下去了。他皱起眉头，想道：下面该怎么写，稻是怎么种出来的，可自己实在一点都不懂。

于是，宋应星就拜农民为师，学习水稻地种植和其他农作物地栽培。他还自己开辟了土地，作为实验田。经过一番艰苦地劳作与学习，掌握了实际知识，自己开辟的实验田也获得了丰收。望着丰收的景象，他不胜感慨：真是像辛弃疾在《西江月》词中说的那样，

"稻花香里说丰年"啊！后来他就是这样把农作物学艺一点点的搞得十分精通。之后又开始了科技与工艺方面的学习。

当时是明朝末年，江西的景德镇已经成为全国的瓷业中心。因此，他首先从瓷器制作写起。经过一段的苦学，瓷器、陶器的制作工艺，他都掌握纯熟了，就又进行铜、铁器铸造的工艺学习。宋应星将钢铁工场看到和听到的浇铸工艺等方面的知识全都记了下来，还专门调查研究了采矿、冶金、造纸、榨油，以及车船、兵器的制造过程等等，积累了著书的丰富资料。

可正当宋应星要积极著书的这一年，他却被派到奉新县西南的分宜县担任主管教育的小官——教谕。这是一个清闲的差使，他买下了一间小小的草屋，继续他的著书。他白天、黑天写啊、画啊、改啊、抄啊，把原稿涂了又涂，改了又改。许多地方，墨笔写的黑字被红色的笔涂没，改上去的红字又被墨笔的黑色抹去，补充的文字写不下去，由一根粗线引到纸的背面。或者做上记号用另一张纸补入……

大叠大叠的书稿，曾凝聚着他多少的心血啊！

春末的一天，宋应星抄完了最后一段，把全部文稿，分门别类地归成二十卷，然后铺开一张白白的连史纸，蘸饱了墨，写下了铁划银勾的正楷字："天工开物"。

宋应星将书名题为《天工开物》，反映了他的朴素唯物主义思想；而书中所记载的内容，更是详实精妙。

1637年（明崇祯十年），《天工开物》初版本正式问世了。这是一本详细记述中国古代农业、工业和手工业等等技术、闪耀着劳动人民智慧光辉的巨著。刊印没多久，这本书就被译成日文、法文、英文等外国文字，国外称它为"中国十七世纪的工艺百科全书"。

宋应星以实事求是的科学精神，通过调查研究，立志苦学，得出了许多科学结论；他运用数据计算和比较，作了大量科学的统计和记录，总结了丰富的生产知识，而且提高到科学的理论水平。他的《天工开物》与贾思勰的《齐民要术》、李时珍的《本草纲目》、徐光启的《农政全书》，并称为中国古代四大科学名著。

46. 李贽老年攻书著作更加勤奋

李贽（1527—1602），号卓吾，泉州晋江（今属福建）人。他是明朝一位富有战斗精神的思想家。

李贽幼小时，家境贫寒，但刻苦好学。由于他治学认真，意志顽强，终于获得了渊博的学识。

他主张读书人要有"超然志气，求师问友于四方"。他到北京的时候，已经是个年迈老翁，听说澹园老人焦竑（hóng）对《易经》很有研究，就去拜访焦竑说："您允许我作为一个老门生吗?"焦竑比他年轻了15岁，听了这话非常感动。于是就和他结成了好友。李贽跟着焦竑学习《易经》，每天熟读一卦，直到深夜才肯休息。

经过三年刻苦努力，他终于把《易经》中的64卦读通。

李贽59岁那年，把家属送回福建老家去，自己单身来到湖北麻城，靠朋友的帮助，在龙潭的芝佛院（寺院）定居下来。照一般人看来，到了这个年龄，已经年老力衰，无所作为了。但李贽却正是从这个时候开始专心攻书，发愤著作。寺院里比较清静，食宿也不必发愁，李贽就朝夕苦读。从儒家经典到佛教经文，从史书到杂说，从诗词到曲赋，无所不读。他把读书当作最大享受，完全忘记了自己身在外乡，孤身一人，年岁已老。

在他70岁那年，他写了一首《读书乐》的四言长诗，最末两句是"寸阴可惜，曷敢从容"! 意思是说，每一寸光阴都是宝贵的，怎么能够随便放过呢!

白发苍苍的李贽，在芝佛院住了十多年。他每天手不释卷，伏案苦思，丹笔批书，墨笔著作，笔不停挥，写下了30多种著作。其中最著名的两部书《焚书》和《藏书》，公开地向封建礼教和道学思想提出了挑战。人们称颂他写文章不循世俗之见，而是发表自己独到的见解，文章深刻、透彻、严肃，具有难能可贵的独创性和反抗精神。

47. 女诗人李因苦学勤练

在中国古代，著名的女诗人犹如凤毛麟角，是屈指可数的。那些有成就的女作家，大抵都要经过一番比男子更刻苦的努力，李因就是明朝后期一位苦学成名的女诗人。

李因出身于贫寒之家。在封建社会里，女孩子最要紧的是学会针线活和打扮自己，至于读书写字，除了富贵人家的小姐以此来消遣解闷外，穷人家的女儿是很少学习的。再说，女孩子也不能进学堂，赴场考试。李因从小就和别的女孩子不一样，她喜欢读书，不喜欢涂脂抹粉，打扮自己。只要一有空闲，就立刻抓紧时间读书写字，做诗绘画。

李因的家里很穷，买不起纸墨笔砚和灯油。为了学习，她想出许多办法来克服困难。她在每天早上打扫房间的时候，总要先在积有灰尘的桌子上练一会儿字，然后才用抹布把灰尘擦掉。

秋天，柿子树的叶子发黄凋落，李因就把黄叶子扫起来，一筐一筐地留着，当作写字用的纸。夏日的晚上，李因捉来许多萤火虫，把它们放在蚊帐里，依靠它们发出的亮光读书。

李因读书，简直到了废寝忘食的地步。她的父母对她说："你这样不分白天黑夜地读书，迟早是要苦出病来的。"李因总是说："不会的，真的不会的。"她母亲仍然不放心，规定她只许白天读书，一到天黑就督促她去睡觉。可是，李因在床上翻来覆去睡不着。

有一天，她突然想起一个办法来：睡觉之前，把火炭事先埋在灶灰里，然后才去睡觉。等父母睡着以后，她掀开被子，悄悄地爬起来，轻手轻脚地摸到厨房里，把埋在灰里的火炭扒出来，带到自己的屋里，点燃蜡烛……

为了防止光线射出去，被家人发觉，她就用衣服、被子把窗户遮住，然后偷偷地读起书来。一直到感觉疲倦的时候，才去睡觉。就这样神不知鬼不觉地夜读了很长时间，她十分高兴。

由于李因好学不倦，10 岁时就能朗读《诗经》、《尚书》，而且过目成诵，不漏一字。李因还从小养成了写读书笔记的习惯，每天都要写几千字的笔记，寒暑不辍。

李因 17 岁时，便嫁给了光禄寺少卿葛征奇作妾。离家出嫁那天，她陪嫁的东西是装满了几大箱子的书和读书笔记。

本来，在当时的那种条件下，女子结了婚以后，往往因生儿育女和繁重的家务而放弃了自己的学业。李因却不是这样，结婚以后学习的兴趣仍然很浓，而且照样那样勤奋。

李因的丈夫官职常常变动，李因也就常常跟着他到处奔波。在旅途中，李因不论是坐在船上，还是骑在驴背上，都随时随地抓紧时间读书作诗。她的诗集《竹笑轩吟草》和《续竹笑轩吟草》收入的 260 多首诗，大多数是在旅途中写的。

李因生长在封建社会里，那时候女子是没有什么地位的，尤其像李因这样一个家境贫寒、身为"侍妾"的人，更被人们所轻视。可是，由于李因刻苦读书，并获得了一定成就，人们却很敬佩她。当时，她丈夫家乡的地方志上，为她作了传记，并把她的诗编成集子出版。

48. 陈际泰十岁读懂《尚书》

明朝末年临川有个文学家陈际泰，与当时的文学家艾南英齐名，文章誉满天下。他才思敏捷，一天能作二三十首诗，一生赋诗数以万计，是当时文坛有名的高产作家。

陈际泰幼年时家很穷，父亲以务农为生，他家祖祖辈辈就从没出过一个读书人。陈际泰先天聪明，虽无家学熏陶，然而却喜欢读书学习。他看见邻居家的孩子拿着书本上学读书非常羡慕，请求父亲送他上学，然而家里没有钱交学费，因此父亲不允许他去。怎么办呢？别看陈际泰年纪小，可是个有心计的孩子。他与邻居家一个读书的孩子交上了朋友，每天等那个孩子放学了，陈际泰就背着父亲偷偷去他们家学习，看他的读本，不认识的字就让那个小朋友教他，陈际泰就是这样如饥似渴地学习文化知识。

有一次，他去表兄家做客，偶然发现表兄家有一本《尚书》。这本书的四角都已经磨秃了，而且封面与前面几章已经丢失了，然而陈际泰却如获至宝，请求表兄把书借给他，表兄爽快地把书送给了他。陈际泰把这本《尚书》带回家之后，他手不离书，看了一遍又一遍，终于弄懂了文义。《尚书》古奥艰深，许多读书人都望而却步，而一个十岁的孩子竟然能自学弄通它的大意，这的确是一件十分了不起的事情。

还有一次，他到邻居家去玩，看到一本《诗经》放在坛子口上当坛盖用，心痛得不得了，就拿回家去阅读。父亲看见了很生气，骂了他一顿，又督促他到田里干活。到了田里之后，陈际泰又从怀里把《诗经》拿出来，找到一个高岗坐在那儿如醉如痴地看起来。就这样，陈际泰通过艰苦自学，终于在 12 岁那年通过乡试，而于崇祯七年即他 16 岁时中了进士，以后又成为文坛上的佼佼者。

49. 盲人唐汝询刻苦治学

　　中国明末清初有个著名诗人，名叫唐汝询，字仲言，松江华亭（今上海松江）人，是个双目失明的人。

　　唐汝询出身于"书香门第"，家庭读书风气很盛。他生下来的时候，长得眉清目秀，双目并未失明。由于受家庭环境的熏陶，他 3 岁的时候就开始跟着哥哥读书认字了。但是，在他 5 岁那年，突然出了天花，经过医生抢救，虽然保住了生命，可他的两只眼睛却不幸失去了光明，从此他再也看不见书，看不到世间的一切了。

　　起初，唐汝询感到非常伤心，觉得这样活着，生不如死。可是过了一段时间，他逐渐安定下来了。心想，天下无难事，只怕不立志，只要刻苦学习，就一定能学到知识。于是，他每天摸到书房里去，用心听几个哥哥读书吟诗，并把听到的文章和诗歌一字一句地牢牢记在心里。

　　一个双目失明的人，要想记住许多文章和诗歌，自然是十分困难的事。他费尽心机死记硬背，同时也想出了一些办法帮助记忆。他仿照古时候人们使用过的结绳记事法，用几根粗细不一的绳子，在上面打上各种各样的结，把整篇文章和诗歌记录下来。有时，他用刀子在木板或竹竿上刻出各种各样的刀痕，用来记录文章和诗歌。当几个哥哥出去玩耍，没人念书给他听的时候，他就摸着绳结和刀痕，大声地朗读起来。

　　因为唐汝询肯用功，虽然双目失明，读的书却不比几个哥哥少，成绩也不比他们差。后来，他不但读了许多书，而且学着做诗。他做诗的时候，如果有人在身边帮忙，就大声把诗句念出来，叫人帮他写在纸上；如果没人帮忙，就依旧用结绳和刻刀痕的办法把诗记下来，等有人帮忙的时候，再把它翻译成文字，请人写在纸上。

由于唐汝询刻苦读书，所以取得了可喜的成绩。他一生写下了上千首好诗，出了好几本诗集，如《编蓬集》、《姑蔑集》等。同时，还给一些深奥的唐诗做了注解，书名为《唐诗解》。这是他刻苦自励，不为双目失明而放弃学习，笃志读书，克服重重困难而取得的成就。

50. 戴敦元一月读尽室中书

戴敦元是清初著名学者，浙江开化人。他小时候就非常聪明好学，每天手不离书本，有时看书竟然忘了吃饭睡觉，简直成了书迷。

一次，他到舅舅家去，发现舅舅家有个书房。书房里的书可真多啊！很多是自己从来没见过的。戴敦元在书房里翻翻这本，看看那本，舍不得离开。一会儿舅舅来了，他就恳求舅舅留他住下来，他要把这些没看过的书统统看一遍。那时戴敦元才六七岁。舅舅非常喜欢这个勤奋好学的小外甥，于是就爽快地答应了他的要求，并在书房里给他准备了一张小床，供他休息时用。

戴敦元于是就在舅舅家的书房里住下来，早晚不离开书房一步。早晨天还没亮，就从床上爬起来，点上油灯看书；晚上，一直读到夜里三更左右，还不肯休息。舅舅看着小外甥这样用功学习，又喜欢又心疼，有时就到书房里来催他早点上床睡觉，可是等舅舅一走，戴敦元又从床上爬起来，重新点起灯来读书，舅舅拿他也没有办法。就这样，戴敦元在舅舅家整整住了一个月的时间，当他读完了书架上的最后一本书以后，才与舅舅告别回家。

由于戴敦元勤奋好学，10岁就被举为神童。当时学政彭元瑞给他出作文题，而戴敦元的文章做得典雅得体，竟然可以与当时一流的学者文章相媲美；彭元瑞又对他面试，戴敦元是有问必答，对答如流。学政彭元瑞非常喜欢他，认为他将来必定会成为国家的栋梁之才，并鼓励他继续认真读书。从此戴敦元读书更勤奋了，在 15 岁那年，他就经过乡试考中了举人，以后又在乾隆五十五年中了进士。

51. 方以智好学勤记

方以智，字密之，号曼公，安徽桐城人，是明末清初的唯物主义思想家和爱国主义者。他精通哲学、自然科学、文学、医学等许多门科学，一生写下了不少著作，现存的就有 28 种之多。这些著作，大部分是在他的读书笔记的基础上充实发展起来的。

从少年时代起，方以智就好学勤记。每读一本书，遇到自己特别喜爱的篇章、片段或警句，他就用卡片抄录下来，反复吟读十余遍，然后把它贴在墙壁上。这样，每天都要抄上十几段至少也有六七段。每当读书作文告一段落，在房中散步的时候，他就借此机会再看看、读读墙上的那些篇章、片段。方以智给自己立下一条规则：每天必须有计划地把墙上内容从旧到新地读上三五遍，直至滚瓜烂熟，一字不漏为止。四周墙壁都贴满了，就把前两天所贴的收下来，藏到书笼中，再把当天刚刚抄录的，贴补在空白之处。这样，每天收下一批，又补上一批，从未间断过。他用这种办法积累了上万段精彩的文字，为以后写文章打下了坚实的基础。

除了用此方法外，他还勤于记读书笔记。每读完一本书，他都要写很详细的读书笔记，记录自己的心得体会，摘录书上重要的文句，常常一天要写十几条或几十条。他的笔记本很多，有的用来记录为人处世的道理，有的用来记录自然科学知识和社会科学知识，有的用来记录地方上的风俗习惯和奇闻异事，有的用来记录奥妙的哲学道理。每隔一断时间，他就要整理一番，分类归纳，编出索引，以备查阅。

方以智写读书笔记很认真，不仅字写得端端正正，而且还特别详细。他为了研究一个问题，常常要翻看许多书，搜集许多民间生活材料，直到把问题彻底弄清楚为止。

有一次，方以智为了研究明朝以前人们住的房屋、用的器具和穿的衣服，就翻阅了70多种书，还访问了许多老年人，终于把这些方面的问题弄清楚，写出了很详细的研究报告。他经常不断地写笔记，右手握笔的部位都长满了厚厚的老茧，以至老茧最后竟凸起很大一块，朋友们都戏称这为"六指"。

他的读书笔记博及群书，考据精确，这对他后来的写作帮助很大。方以智的著作《通雅》，曾获得世人很高的评价。

52. 黄宗羲鸡鸣就枕

黄宗羲（1610—1695）字太冲，号梨洲，浙江余姚人。他是明末清初著名的启蒙思想家。

黄宗羲17岁那年，他父亲黄尊素遭奸臣魏忠贤陷害，被捉拿进京问罪。临别时，父亲叫他好好钻研家藏书籍，从中探求古今治乱得失之道，以便将来为国家做一番事业。黄宗羲听了父亲的吩咐，明确了读书的目的，从此便在家里刻苦读书。每天，天还没亮他就起床读书，一直读到深更半夜，鸡叫头遍时才上床睡觉。仅仅两年时间，他就把家里丰富的藏书读完了。

在他19岁那年，他的父亲被魏忠贤杀害了。噩耗传来，极度伤心的黄宗羲没有被这巨大的悲痛压倒，他发誓：一定要实现父亲生前对他的希望。

这以后，他回到家乡，拜大儒刘宗周为师，继续刻苦读书。在老师的指导下，他深入地钻研了十三经，阅读了诸子百家及历代史书。并对于天文、地理、律历、数学等，都下苦功研究。

黄宗羲天资并不聪慧，记忆力也不强，每读完一篇文章，他常常对内容记不准确。但他并不灰心，能够做到比常人加倍地努力，来弥补天资的不足。读书易忘，他就用抄书的办法来加深印象，强迫记忆，而且每天仍是读到鸡鸣时方歇，数十年不断。他曾在一篇文中写道："年少鸡鸣方就枕，老人枕上待鸡鸣。转头三十余年梦，不道消磨只数声。"意思是：我年轻时，读书直到鸡鸣才就枕，老了以后，躺在床上思考问题一直到鸡叫为止。回过头一看，几十年的时间只消磨在鸡叫声中……

这篇文章的确是他一生勤奋苦读的写照。就是在他80岁高龄时，仍然夜以继日地用功读书，甚至在他去世前的二三天，还读了好几本书，并在书上写了详细的批语。

53. 康熙身体力行学科学

康熙帝（1654—1722）即清圣祖爱新觉罗·玄烨，他是清朝入主中原后的第二个皇帝。他8岁继帝位，15岁亲政，直到去世。他是中国历史上在位时间最长的皇帝，也是中国历史上罕有的能身体力行学科学的皇帝。

康熙帝爱好自然科学，一有余暇，就学习自然科学知识，力求把握其中的原理。他兴趣比较广泛，对中国历史、文学有相当的鉴赏能力，又喜欢美术，推崇程朱理学。在天文、历史、数学方面也有比较好的基础。因此，当他接触西方科学的时候，态度是积极的，而且自己也渴望学习这些知识。他早年从南怀仁学习欧几里德几何学，每天听讲，孜孜不倦。后来又学习测量、天文、物理和医学。在宫中设置了研究化学和药学的实验室。南怀仁去世后，他又请耶稣会传教士白晋和张诚在内廷讲学。在讲授之前，先令他们学好满文和汉文，而康熙帝自己却不学外文。传教士讲授的学科有测量、数学、天文、解剖学和哲学等。张诚在到北京的第三年将几何、三角和天文方面的书籍译成汉文和满文印出，作为教科书供皇帝阅读之用。这时康熙皇帝已经三十多岁了，但学习的劲头依然很高。

由于努力学习，康熙的自然科学知识，特别在数学、天文学和测量学方面了解较多。例如他能评论著名数学家梅文鼎的著作，曾召见梅文鼎畅谈历象算法；能计算河道闸口流水，昼夜的多少；能用测日晷表，画出正午日影的至处，经检验一点不差。在他58岁那年，巡视大运河时，决定在筐儿港建筑一座拦水坝，随后就在河西务（今河北省武清县东北、运河西岸，当时是漕运要冲）登岸步行二里多路，亲自设置测量仪器，确定方向，钉下椿木，来记录测量结果。

在康熙皇帝的直接领导下，利用耶稣会传教士科学技术方面的长处，清朝的学者与他们合作，完成了一系列重大科技项目。除了制定并颁行《康熙永年历》，编著《数理精蕴》、《历象考成》外，康熙还亲自领导完成了全国地图的测绘。

那是在中俄缔结《尼布楚条约》之后，康熙帝见到一幅亚洲地图，图中关于清朝满洲地区的地理知识相当缺乏，便有开展测绘工作的打算。后来他从广州购入仪器，每到东北和江南各地巡视的时候，就命随行的外国传教士先测定经纬度。在条件成熟之后，他命耶稣会传教士先测京师附近地图，由他亲自校勘，认为远胜旧图，才下令由中、西两方人员组成测绘队进行全国地图的测绘。

全国地图的正式测绘是从康熙四十七年（1708）开始的，由法

137

国教士白晋、雷孝思和杜德美等人率领。先从长城测起，然后测北直隶，再测满洲地区。为了加快速度，公元 *1711* 年康熙命增添人员，分两队进行。因此关内十余省，包括西南、西北广大地区，约用五年时间先后峻事，康熙五十七年（*1718*），一份具有相当水平的《皇舆全图》终于绘成了。这是一件了不起的大事。当时欧洲各国的大地测量，有的尚未开始，有的虽已开始，也未完成，而中国在 *18* 世纪初期完成了全国性的三角测量，走在了世界各国的前列。康熙帝亲自领导的全国大地测量，有两件事是非常有意义的。第一，是尺度的规定。康熙为了统一在测量中所使用的长度单位，规定以 *200* 里合地球经线 *1* 度，每里 *1800* 尺，因此每尺的长度就等于经线的百分之一秒。这种以地球的形体来定尺度的方法是世界最早的，法国在 *18* 世纪末才以赤道之长来定米制的长度。第二，是发现经线一度的长距不等。康熙四十一年（*1702*）实测过中经线上由霸洲到交河的直线长度，以后在康熙四十九年（*1710*）又在满洲地区实测北纬 *41* 度到 *47* 度间的每度直线距离。这些测量都可以得出纬度越高，每度经线的直线距离越长的结论。如北纬 *47* 度比 *41* 度处测得的每度经线的长度大 *258* 尺。这是过去的测量中从未得到的结果。这一结果曾遭到欧洲一些学者的怀疑，后来得到证实。这是世界科学史上一件值得纪念的大事，所取得的成就，在当时世界上可以说是第一流的。

由于社会条件和康熙本人思想方法的局限，他对自然科学的兴趣和一定的探索，只能产生有限的积极效果。他执政期间，沿用妨碍科学发展的八股取士制度，大兴残暴的文字狱，又严重阻碍了科学技术的应用和发展。尽管如此，康熙帝能身体力行学习科学，利用科学，亲自领导具有科学意义的工作，这种探索精神，在中国历代封建社会中是少见的。如果清朝历朝皇帝都能继承和发扬这种勇气和精神，中国近代的历史中，恐怕就要少些悲剧。

54. 王贞仪"雄心胜丈夫"

清代有个女天文学家，名叫王贞仪，字德卿，江宁（今江苏南京市）人。她是我国科技史上的一颗明珠。

王贞仪出身于封建士大夫家庭。父母对她非常喜爱而又管教甚严，使她从小就养成了酷爱学习的习惯。她学习不仅有钻劲，而且有韧劲，碰到什么问题，不弄懂弄通决不罢休。她虽身居闺阁，但却胸怀宽广，壮志凌云，严以律己，刻苦治学。

还在十几岁的时候，王贞仪就对天文学产生了浓厚的兴趣。她不顾夏日炎炎的酷暑，或北风呼呼的严寒，坚持观察天象，考察风云的流动、星座的变幻、气温的升降以及湿度的高低。由于长年观测，她积累了许多第一手天文资料，取得了丰富的气象知识，较系统地掌握了四季气候变化的规律。对某些地区，特别是她家乡地区的气象预测，其准确率达到惊人的程度。

王贞仪既注重书本理论，又很注重实践活动。有时，为了验证书本中的理论，她在自己的家里，因陋就简，创造条件，进行一项又一项科学实验活动。为了验证望月和月食的关系，对月食作出正确的解释，她反复实验，常在农历十五日的晚上，在花园亭子间的正中放一圆桌当地球，在亭中梁上用绳子垂系一盏水晶灯当太阳，在桌旁放上大圆镜当月亮，一次又一次摆置、挪动、转移三者的方位，一次又一次地仰望明月星汉，焦思苦虑，反复琢磨，终于写出了很有价值的天文论著《月蚀解》。

特别可贵的是，王贞仪还提出，地球所处的位置是在四面皆天的空间，地球上任何地方的任何人所站的都是地，头顶的都是天。对宇宙空间来说，没有上、下、正、偏的区别。王贞仪的这个相对空间的理论，在当时是一个很有价值的科学发现，澄清了人们对地球的错误认识。

"人生学何穷，当知寸阴宝"。这是王贞仪的治学经验之谈。她随着父亲工作的迁徙，走遍大江南北，塞外关内。在旅途跋涉中，她也从不放松学习和考察。她曾写下了"足行万里书万卷，尝拟雄心胜丈夫"的著名诗句。但是，在"往往论学术，断不重女子"的封建社会里，她的凌云壮志和真才实学却毫无施展的机会。

王贞仪善诗会画，才华出众，除天文、气象外，对地理、数学和医学等多方面均有研究。她只活了29岁，在短短的一生中，却写下了包括文、赋、诗、词各种文体的文学著作《德风亭集》二十卷，以及《星象图释》、《筹算易知》、《历算简存》等十多种科学论著。她还对别人的一些天文论著提出新的见解。不幸的是，她的科学成就当时没有受到人们的重视，甚至连她的亲属也不能了解她。王贞仪临终时，只得把自己的书稿转交给一位女友保藏。

55. 戴震勤思善问

戴震，字东原，安徽休宁人，清代著名的考据家、思想家。

他10岁入学读书，记忆力特别强，每天坚持熟读几千字的文章；而且他读书喜欢追根寻底，力求弄懂，从不放过一个疑点。

有一天，老师讲《大学》一书，这是儒家经典著作"四书"之一。讲完了"大学之道"一段以后，老师高声说："这一章叫《经》，是孔子说的话，由曾子记述的；以下的十章叫《传》，是曾子的见解，由曾子的学生写下来的。"

戴震一边认真地听讲，一边思索着老师的每一句话。老师讲完后，戴震上前问道："老师您这么讲有什么根据呢？""这是朱熹说的。"老师回答。戴震接着又问："朱熹是哪个朝代的人?""宋朝人。""那么,孔子和曾子又是什么时代的人呢?""都是周朝人。""周朝和宋朝,相隔多少年?"老师说："差不多有两千年。""既然如此,那么,朱熹又是根据什么了解得那么清楚呢?"老师被问住了,无话可答。他佩服这位学生打破砂锅问到底的精神,赞叹地说："真是个了不起的孩子啊!"

朱熹是南宋时代的哲学家,他创建的理学被明清两代统治者奉为儒学正宗。可是小小年纪的戴震并不盲信这位大人物,对他的《四书章句集注》提出了大胆地怀疑。实际上,戴震的疑问提得很有道理。后来有人考证出《大学》并非曾子及其学生所作,约为秦汉之际儒家的作品。

从这以后,老师讲课更加认真了。发现自己的知识已满足不了戴震的要求,就把许慎的《说文解字》和其他字典、词典交给戴震,让他自己去查阅。戴震在读经书时常常查阅这些工具书,又找来汉代经学家解《经》的各种著作,互相参照、比较、考证。对每个字都穷本溯源,贯穿群经,给予确切地解释。经过3年多时间,他把前人汇编的《十三经注疏》等有关著作都研究一番,掌握了非常丰富的知识,终于成了著名的一代考据大师。

戴震博闻强记,除精通经学、语言学外,对天文、数学、历史、地理均有深刻研究,著有《原善》、《孟子字义疏证》、《声韵考》等。乾隆年间修《四库全书》,他被特召为纂修官。这些成就的取得,是同他学生时代的刻苦钻研分不开的。

56. 练恕十一岁写史

练恕(1821—1838),字伯颖,广东连平州(今连平县)人。他

16岁就成了清代著名的史学家。

道光元年，练恕出生于一个书香世家。父亲练廷璜是一位重视读书且颇具文采的地方官，练恕7岁就随父亲到江浙读书。练恕聪敏过人，学习刻苦。9岁读完了"五经"，又开始攻读各种史学名著和诸子百家著作。13岁时，已经精通了13种经书，以及《史记》、《汉书》、《后汉书》。这时，他已能用文言文流畅地写文章了。14岁时，练恕又遍览了中国编年体历史巨著《资治通鉴》。这部巨著共354卷，上至周威烈王、下迄五代后周世宗，共记述了1362年的史实。这部巨著能载一车，14岁的孩子能遍览，实在令人惊叹！

那时，读书做官是一般文人的必由之路。父亲希望他早习应试文章，好金榜题名，光宗耀祖。练恕却不愿为科举而死读书，立志献身于祖国的史学大业。

15岁时，练恕染上了"咯血疾"（肺结核）。父亲命他放弃学业，安心养病。他却常常躲开父亲，把书带到僻静的地方，一看就是十一二个小时。练恕读书，不是死记硬背，而是独立思考。遇到疑义，便找来其他的书比较对照，把正确的结论，记在纸上。

勤奋和天才使练恕治学的效果远远超过常人。他的汉唐史学功力，已超过了一般宿儒。父亲用《史记》、《汉书》中的事件考他时，他能对答如流。人们谈论史学时，只要有误，他就立即指出。一次，父亲读沈东甫的《新旧唐书合钞·序》，念到"刘司徒"怎样怎样时，练恕立即插言说："'司徒'是'司空'之误。因为刘司空的名字叫刘昫（xù），生前只做过司空。"父亲不信，就拿来《五代史·刘昫传》查看，果然是练恕说得对。练恕爱和父亲的同僚们一起讨论学术问题，并能言中要害。父亲的同僚们自叹："廉颇老矣！"

翻开《二十五史补编》，署名练恕的著作就有4种。令人难以置信的是，这些与史学大师并列的专著，竟会出自一个十几岁的少年之手。练恕从 *11* 岁便开始编著《后汉公卿表》，寒暑不辍，总共三次易稿。他 *15* 岁患病的时候，又写出《五代地理考》等三部史书。他还有两种未收入《二十五史补编》的历史专著和杂文 *11* 篇，也无不闪烁着智慧的火花。

16 岁时，练恕肺病复发，吐血不止。父亲强迫他停止著述。

以后，他的病情日趋恶化。道光十八年 *5* 月，练恕在他父亲所在的上海县署病逝，年仅 *18* 岁。

练恕虽然匆匆离开了人世，却留下了勤奋的思考，留下了智慧的火花。

57. 阎若璩勤以补拙

阎若璩，字百诗，号潜丘，山西太原人，后迁居江苏淮安。是清代著名的考据家。

他家世代是读书人，父亲对他寄予很大的希望。可他从小口吃，又很愚钝。*6* 岁上小学时，一篇文章即使读了多遍，他还背不出。老师认为他实在不是读书的材料，就找到他的父母商量，劝其退学。但阎若璩坚决不肯，在他的苦苦哀求下，老师才勉强同意他留一段时间。

阎若璩为了能够继续在校学习，他放弃了几乎所有的休息和娱乐时间。别的孩子在玩游戏，他却在学习；家里的人入睡了，他还在灯下看书。他就是这样艰难地"爬行"着。

阎若璩本来就多病，再加上他勤奋读书，休息不好，所以身体越来越坏。母亲心疼他，于是就不准他学习，只要一听到读书声，便将他手中的书夺走，加以制止。阎若璩没法，就不敢背出声来，而是默记，又怕被母亲看见，所以总是偷偷躲着看。

15 岁那年，在一个寒冬的夜晚，他读到一段书，但怎么也弄不懂它的意义，心里十分焦急。已经打过了四更，天气又那样寒冷，但是问题没有解决，他难以安心睡觉，独自坐在那里苦思冥想。忽然心中一亮，一下子想通了，他感到非常高兴。从此，凡碰到疑难问题，他都下决心弄通弄懂，从不放过疑点。阎若璩就靠这种好学肯钻的精神弄通了许多问题。这也使他认识到，只要肯学愚钝会变成聪明，不知会变成多知，从而增强了学习的信心。

从此，阎若璩下苦工钻研经史，寒暑不避，日夜不止。并把古人的话"一物不知，以为深耻；遭人而问，少有宁日"，写成对联贴在柱子上，作为自己的座右铭。

阎若璩也正是这样做的。他 20 岁的时候，就怀疑《古文尚书》其中的"古文"二十五篇并不是真正的古文，后来一直把这个问题放在心里。经过二十多年的钻研、考证，查看了大量书籍，用丰富而精确的材料，证明那二十五篇是东晋梅赜（zé）的伪作，并且写了《古文尚书疏证》一书，推翻了《古文尚书》一千多年的假案，轰动了清初的学术界。

他的学术成果，至今还被专家学者引用。他的精诚所至、金石为开的求学精神，一直激励着后人去攀登、去创造。

58. 华蘅芳自学成为数学家

清代末年，江苏无锡出了一个著名的数学家，他的名字叫华蘅芳。

他 7 岁的时候，鸦片战争爆发了。鸦片战争的炮声，使一些人的思想受到很大震动，逐渐地感觉到了学习先进科学技术的重要性。在他幼小的心灵里，也发出了读"四书五经"到底有什么用的疑问。

少年的华蘅芳立志要探求新知识。可是，当时整个中国没有一所传授新知识的学校，华蘅芳到哪里去寻求新知识呢？只有自学。他从徐寿那里借来《算法统宗》。此书专门讲述中国珠算演算的算理和方法，共十七卷。华蘅芳只借到一卷，却如获至宝，激起了他学习数学的兴趣，朝夕研读。

为了获得新知识，他不畏艰难，在没有老师指导的情况下，硬是闯过了一个个难关，把这本书弄通了。这次学习，使华蘅芳尝到了学习算学的一些甜头。他觉得，在算学里边有深奥的学问。从此，便把注意力集中在钻研算学上。

16 岁那年，华蘅芳偶然在父亲的乱书堆里发现一本画有各种图式的旧书，便好奇地拿起来翻阅。原来是清朝以前刻印的一本中国古算书，缺头少尾，字迹模糊不清。即使这样，他也非常珍惜，终日废寝忘食，在房中苦心研读。只用了短短几个月时间，就领会了这本古算书残卷的全部内容。华蘅芳不仅搞通了古算学的珠算解题法，而且领略了一些古算理。他觉得算学有明显的实际用途，更加坚定了他钻研算学的志向。

他先后学习了《周髀算经》、《九章算术经》、《孙子算经》、《王曹算经》等许多种中国古代算术。这些算书，都是历代流传下来的中国古代算学名著。这么多书，又这么深奥，从何学起呢？他决定抓住重点，各个击破，一个问题一个问题地解决，逐步攻下古代算学这个堡垒。从 16 岁到 19 岁期间，华蘅芳几乎足不出户，每天伏案沉思。对上自秦汉下至明清时期的中国古代大量算学著作，进行了比较全面、系统地学习和钻研，从中吸取了丰富的营养。向近代数学新的制高点攀登。

华蘅芳开始向近代数学探索，可是他再也找不到这类参考书了。正在他十分苦恼的时候，听说上海有个数学家正同外国数学家伟烈亚力合作，翻译国外科学著作。这对华蘅芳来说，太有吸引力了。

他急忙来到上海，借来了已经译出的《代微积拾级》手稿，在旅馆逐字逐句抄录下来。他心里有说不出地愉悦，下决心，一定要把这部外国算学著作的奥妙探索明白。

华蘅芳经过多年地探索，在吸取我国古代算学遗产的基础上，终于登上了世界近代数学的新高点，积跬步至千里，成了当时中国著名的数学家。

59. 魏源月余完成《大学》注释

魏源（1794—1857），字默深，清代湖南邵阳人，是中国近代杰出的爱国主义思想家、史学家、文学家，也是最早向西方学习的革新家之一。他从小沉默少语，喜欢独自静坐，所以取号叫做"默深"。

他七八岁时，被送进书塾里学习。他读书很用功，尤其喜爱阅读诗文、史地方面的书籍。白天在书塾里读书，他总是埋头苦读。当小伙伴们休息时，他却一动不动地坐在座位上，津津有味地读着先生讲过的文章。先生早将这些看在眼里，他总是捋着胡须，语重心长地对自己的学生说："你们当中无论是谁，要想成大器，我看非有魏源这种刻苦勤奋的学习精神不可……"

在家里也是如此，他往往读书到深更半夜，有时遇到好书爱不释手，竟一直读到天明。母亲心疼他，怕他小小年纪累坏了身体，常常催他早点休息，魏源嘴上答应着，却迟迟不肯放下手里的书。母亲无奈，只好把灯吹灭逼着他去睡觉。但是等到母亲入睡后，魏源却又悄悄地起来，点上灯，用被子遮着光，继续读起来。

勤奋的小魏源插上了智慧的翅膀。9 岁那年，魏源就参加了县里的童子试。

考试这天，几十名儿童熙熙攘攘上堂，县令亲自主持童子试。点名时，县令见魏源眉清目秀，举止潇洒，十分可爱，但不知才学如何，于是叫来魏源，指着自己茶杯上画的太极图对他说："杯中含太极"。

当时，魏源怀中正揣着母亲给他的两张大饼，他用手摸了摸胸口，从容答道："腹内孕乾坤。"

众人听后都很震惊，县令也觉得奇怪，问他："何谓乾坤？"

魏源不慌不忙地回答说："天地谓乾坤，我怀中揣着的两张大饼，不正像乾坤吗？我吃了两张大饼，就要考虑天地间大事！"县令连连点头，赞叹他年幼而有大志。

魏源 21 岁时，随父亲来到北京。条件变了，可魏源那股勤奋学习的劲头并没有变。他博览群书，废寝忘食。他给自己定下规矩，要"足不出户，闭门读书"。父亲多次劝他说："京城的一切都是新鲜的，你应当出去看看，也好换换脑子。"

魏源听后，指着桌上的书说："等我看完了这几本，一定听从父亲的话……"

哪里知道，魏源桌上的书看完了，又拿来新的，总也看不完。

当时，大学士汤金钊非常赏识魏源的才识，对他十分器重。两人经常在一起探讨学问，魏源称汤金钊为恩师，并从他身上获得了不少教益。

一天，汤金钊捧着一部《大学》古本，对魏源说："这部前人留下的著作，太繁杂了，许多人也曾整理过，可惜没能有满意的注释。如今，只好请你来完成了。"

魏源接受这一任务后，五十多天没有去拜见汤金钊，汤金钊以为他病了，便亲自登门探望。

听说汤金钊来了，魏源急忙出来迎接。汤金钊一抬头，只见此人蓬头垢面，满脸胡须；心想，这或许是魏源之仆人吧，便说道：

"快去转告魏源，说他的先生看他来了！"

魏源深深一躬，转身捧出那部《大学》古本说："恩师，学生遵命，已将此书注完，请过目！"

汤金钊不禁叹道："你勤学罕见，竟至于此！"

原来，魏源在这五十多天中，脸不洗，头不梳，不分昼夜地完成了这部著作的整理和注释。

60. 陈寅恪勤学敬业

陈寅恪（1890—1969），江西修水人。他不仅是现代著名的史学家，而且是出类拔萃的语言学家、文学家和教育家。

陈寅恪从小酷爱史学。他记忆力惊人，勤学不辍。在20岁时，就已经阅读了大量经史古籍。"十三经"、"二十四史"、《史记》、《资治通鉴》等无所不读。"十三经"是中国古代13部儒家经典要著，包括《周礼》、《礼记》、《仪礼》、《公羊传》、《谷梁传》、《左传》，还有《诗》、《书》、《易》、《孝经》、《论语》、《尔雅》、《孟子》。这些著作，大多文笔艰深，内容生僻。他几乎能一字不差地背出来。对魏晋南北朝史、隋唐史、蒙古史最有研究。

他还以非凡的毅力攻读了许多国家、许多民族的语言。学会了英文、日文、法文、德文、世界语等七八种语言，又学通了梵文、巴利文、满文、蒙文、藏文、突厥文、西夏文、波斯文、希腊文、马扎尔文等多种文字。对其中的梵文、突厥文、西夏文等古文字有精深的研究。

他把研究成果写成论著，贡献于世。主要的有《隋唐制度渊源略论稿》、《唐代政治史述论稿》、《元白诗笺证稿》、《柳如是别传》等专著和《金明馆丛稿》论文数十篇。

他任过清华大学、西南联合大学、岭南大学、中山大学等校教授，任过中央文史馆副馆长。

1946年，清华大学在北平复校。50多岁的陈寅恪再次被请去从教。此时，他的眼病更加厉害，以至后来完全失明了。一个用眼睛在知识海洋遨游惯了人，一个著述甚丰的史学家、语言学家、文学家、教育家，眼前突然漆黑一片，从一个光明的世界，坠进黑暗王国，能经受得起吗？

他仍坚持给研究生上课，五六个研究生每天来到他的家里。他不用教科书，不用教案，不用讲稿，能准确地说出某书、某卷、某页写的什么话。大家为他非凡的记忆、坚实的基础和超人的思维能力赞叹，为他的精神肃然起敬。

后来，他又跌断了左腿，一位七旬老人，既盲又跛。在病榻上仍念念不忘学习和工作。

多学科大师陈寅恪，以德敬业，以勤敬业，以才敬业的非凡精神，催人泪下，催人律己，催人奋进！

61．毛泽东为救国救民而读书

毛泽东（1893—1976），湖南湘潭人。伟大的马克思主义者，伟大的无产阶级革命家、战略家和理论家和诗人，中国共产党中国人民解放军和中华人民共和国的缔造者和主要领导人。

毛泽东的青少年时代，正是清王朝灭亡的前后。在封建主义和帝国主义的双重压迫下，政局风雨飘摇，人民生活在水深火热之中，中华大地黑夜沉沉，数亿苍生挣扎在死亡线上。为了拯救中华民族，毛泽东勤奋读书，寻找救国救民的道路。

1910年，17岁的毛泽东进入东山高等小学堂读书。有一天，他从一个叫肖子暲的同学那里借到一本《世界英雄豪杰传》。这本书，记述了近代西方一些为自己国家的独立和富强作过贡献的杰出人物。几天后，毛泽东像是办了什么错事似地把书还给肖子暲，抱歉地说："对不起，我把书弄脏了！"肖子暲打开书一看，只见整册书上都有用墨笔打的圈圈点点，圈得最密的是华盛顿、林肯、拿破仑、彼得大帝等人的传记。毛泽东激动地对肖子暲说："中国也要有这样的人物啊。我们应该讲求强国强兵之道，才不致蹈安南、朝鲜、印度的覆辙。你知道，中国有句古话：'前车之覆，后车之鉴'。而且我们每个国民都应该努力。顾炎武说得好：'天下兴亡，匹夫有责'。"此后不久，毛泽东就给自己起了个笔名，叫"子任"，意思是决心以救国救民为自己的崇高责任。

1911 年辛亥革命爆发时，18 岁的毛泽东怀着救国救民的革命热情，在长沙参加了湖南新军，当了一名普通士兵。入伍到新兵连后，毛泽东便刻苦学习军事技术，在短短的几个月时间里，他就熟练地掌握了连队里一些基本的军事训练科目。

在新军里，作为一名普通士兵的毛泽东与众不同的一个突出特点是，他具有强烈的求知欲望和不断追求真理的革命精神。那时新军里每月发给士兵 7 块饷银。有的士兵得了饷就上街吃、喝、玩去了。毛泽东却从不乱花一文钱，他除了花二、三元钱吃饭和买水支付外，其余的钱，几乎都用来订阅报刊和购买书籍。

新军退伍后，毛泽东就到湖南图书馆进行他的自学生活。

他每天吃完早饭，就匆匆忙忙地来到湖南图书馆，有时来得太早，馆还关着门，他就站在门外等着。每天一开门，毛泽东是第一个进馆看书的人。他伏在阅览室的桌子上，聚精会神地读，争分夺秒地看，一刻也不肯休息。图书馆关门时，他又是最后一个离开。从夏到秋，从秋到冬，毛泽东日复一日地坚持到图书馆去读书，从不间断。在这半年的时间里，他读了大量的中外著作。

随着年岁的增长，学业的加深，毛泽东挽救国家危亡的壮志愈加坚定。辛亥革命后，他考入湖南师范学校读书。入校后，他除了学习学校规定的课程外，还着重自学和研究了哲学、历史、文学及地理等。毛泽东读书看报时总要带上世界地图、英汉词典和笔记本，特别注重各种知识的积累。有一次，他在学习研究中国历史时，用的笔记本竟装满了一网篮。

青年时代的毛泽东还主张既要读"有字之书"，又要读"无字之书"，提倡向社会实践学习，把学得的书本知识与整个社会生活紧密地联系起来。在湖南师范学习时，他常常利用寒暑假，邀同伴好友深入工厂、农村进行社会调查，了解工人、农民的生活状况。同时还主办夜校，向工人群众传授文化知识，以启发工人的阶级觉悟，增长他们的才干。这些为毛泽东后来成为革命领袖和导师奠定了坚实的基础。

62. 周恩来为中华崛起而苦读

周恩来（1898—1976），浙江绍兴人。伟大的马克思列宁主义者，党和国家的卓越领导人，中国人民解放军的创始人之一。他鞠躬尽瘁，为党为人民建立了丰功伟绩，赢得我国人民和世界人民的爱戴和尊敬。

周恩来在他的政治和军事生涯中，充分地体现了他的聪明才智、知识渊博和通晓古今的学识，而这些学识都是他中学时期以来刻苦积累而得到的。

周恩来十几岁的时候，便随同伯父来到东北沈阳，在东关模范学校念书。一天，学校的校长给同学们上修身课。当讲到"立命"这一节时，校长突然问："诸生为什么而读书啊？"有的学生回答："为明礼而读书！"也有的回答："为做官而读书！"还有的回答：

"为家父而读书!"等等。

校长并不满意这些世俗的回答,他把目光投向沉思未语的周恩来,微笑着问周恩来:"你为什么到学校来读书?"周恩来从容地站起来,朗然说道:"我为中华崛起而读书!"

"为中华崛起而读书!"这铿锵有力,不同凡响地回答,让大家为之一震,许多同学为自己的鄙俗的志向而羞愧。周恩来正是因为抱有"为中华之崛起"的崇高学习目的,所以才能积极努力地学习知识,用广博的学识来武装自己,为实现远大的理想而奋发苦读。

周恩来在学习上有两条座右铭,借以鼓舞自己,使自己掌握正确的学习方法和树立正确的学习态度。其中一条是"好问则裕,自用则小"。周恩来善于独立思考,而且十分虚心好问。他经常和同学、老师一起,交流学习经验,共同探讨疑难问题。

1920年1月,周恩来同天津市的其他学生领袖因领导反帝反封建的革命活动,遭到了反动当局的逮捕。在狱中,周恩来依然努力学习,并且利用学习与敌人进行斗争。他组织了公共读书班,在共同的学习中,加深对马克思的唯物史观、阶级斗争学说、剩余价值学说的理解和探讨,并密切关注中国当时的国情,使大家增强同封建势力斗争到底的决心。此时,这座死气沉沉的牢房氛围变了,变成了一个充满勤奋学习,激烈研讨问题氛围的学习世界。周恩来在这里学到了许多书本上学不到的知识、增强了斗争经验,在艰苦地斗争中逐渐成熟起来。

"善求书外之学问",这是周恩来的另一条座右铭。他并不满足于课堂上所学的东西。他挤出大量时间,到图书馆学习各种各样的知识,特别认真学习阅读宣传革命思想的书籍。他十分重视实践,还虚心地向工农群众学习。

在学生时代,由于周恩来胸怀"为中华之崛起而读书"的大志。学习刻苦,奋发努力,他的各门功课成绩十分突出,而且训练了自己参与实践和社会调查的能力，他的演讲才能非常出色。

在不断学习中，周恩来成长为博学多才的革命家，并通过在学习中掌握的丰富学识以及在革命实践的运用，终于实现了他的志向"为中华之崛起而奋斗"。

63. 恽代英善于读书致用

恽代英（1895—1931），又名遽轩，字子毅，笔名代英、但一、天逸等。原籍江苏武进，出生于湖北武昌。中国无产阶级革命家，中国共产党早期青年运动领导人之一。

恽代英幼年时就十分用功学习。在家塾里读了不少线装书，母亲陈葆云就是他的启蒙教师。陈氏出身于仕宦之家，颇有旧学根底，经常教育恽代英学习唐宋诗词。恽代英在武昌北路高等小学堂读书时，因为勤奋好学、聪慧睿智、文才出众，被国文老师誉为"男奇儿"。

辛亥革命前，14 岁的恽代英随父母去鄂西北老河口。他在父母指导下，在家读书。通读了《古文观止》、《战国策》、《饮冰室文集》等书。其中梁启超的《饮冰室文集》最使他感兴趣，他从中受到了西洋新学和民主主义思想的熏陶。尚未成年的恽代英，在读书学习的同时，还坚持写日记，反省自悟，坚持从各方面来锻炼自己。

1913 年，恽代英 18 岁时，考入武昌中华大学文科学习。他读书非常勤奋。为了寻求改造社会、改造中国的真理，他废寝忘食地学习着，广泛地涉猎各个学科的书籍，如中外古今的历史、哲学、文学等著作。他特别注意对社会实际问题的研究，注意将革命理论与革命实践结合起来。并开始为上海的一些报刊写稿。"五·四"前为《东方杂志》、《新青年》杂志等刊物撰写文章数十篇。在这些文章里，他抨击封建主义和帝国主义，积极倡导民主与科学，提倡民权思想，对劳苦大众表示了极大的同情。

1917 年，为了救国济世，恽代英又和他的挚友黄负生、梁绍文、冼震等筹办成立了互助社，出版了内部刊物《互助》。互助社的社员们，经常在一起座谈读书体会，介绍个人思想修养方面的心得，开展对国家大事、社会问题自由地、热烈地讨论。恽代英还在互助社里提出了"夫智仁勇三者，一贯之德也，研究以广其志，实行以增其勇，于以求仁"的道德标准，制定了"不谈人过失，不失信，不恶待人，不做无益事，不浪费，不轻狂，不染恶嗜好，不骄矜"的戒约八则。注意德、智、体的全面培育，建立了良好的学风，对于形成学人的良好道德素质和作学问的修养，产生了深远的影响。互助社的许多成员后来成为"五·四"运动的骨干。

64. 任弼时为中华新生而学习

任弼时（1904—1950）湖南湘阴县人。伟大的中国无产阶级革命家，中国共产党卓越的领导人之一。

任弼时从小爱学习，四五岁的时候，就在父亲地指导下开始练习写字。他还非常喜欢父亲给他讲历史上志士贤人勤学、勇敢和爱国的故事。

他七岁进入初等小学学习，学习很刻苦。9 岁时，曾写过一篇《自立》的作文，文中说："世界之人，皆以自立为要。吾国四万万同胞，欲保国家，非自立不可。"立下了为中华新生、独立、富强而学习的志向。

1920 年，赴法勤工俭学的热潮在全国掀起之后，任弼时与毛泽东在长沙领导的革命组织——俄罗斯研究会取得了联系。从研究会中了解到十月革命后俄国的一些情况，心中暗暗激起了对无产阶级革命圣地的向往。任弼时决定去俄国勤工俭学。

任弼时到俄国后，进入了斯大林东方共产主义劳动大学学习，集中学习马克思主义，学习十月革命经验。他学习非常认真刻苦，出了教室，就走进图书馆。为了尽快精通俄文，他常常找到俄国同学交谈，以纠正自己在语法、语音方面的差误。这样学习一段后，他就能直接听俄文教师讲课和阅读俄文报刊书籍了。他读书不是死记硬背，而是注意掌握书刊的基本精神和内在联系，剖析知识的重点、难点和特点，全面地评估和进行有效地消化理解。他善于捕捉书籍中的精髓、要旨和特色之处，思维灵活、敏捷、开阔，常常有新颖而独特的理解体会。

他不仅自己努力学习，还热心帮助其他同学，经常利用星期天去给俄文差的同学补习功课。张太雷对任弼时这种治学为人的精神推崇备至，瞿秋白也感叹地赞扬任弼时是一个诚实而用功的学生。

任弼时在东方大学学习时，注意联系中国社会的现实和革命的实际，经常思考中国革命的前途问题。

1924 年，20 岁的任弼时从俄国回到上海，从事党和团的基层干部的训练工作，亲自给学员讲授共产主义 ABC。因为他讲课理论联系实际，深入浅出，很受学员的欢迎。他运用马克思主义研究中国的工运和青年问题，积极组织青年们投入反帝反封建的"五·卅"运动，并且撰写了《上海五·卅惨案及中国青年的责任》等文章，揭露了帝国主义的反动暴行，总结了中国青年运动的历史经验。

65. 陈毅酷爱读书

陈毅（1901—1972），四川乐至人。中国无产阶级革命家、军事家，中国人民解放军杰出的领导者与组织者。

陈毅自幼好学，酷爱读书。他看起书来，非常专注，有时废寝忘食，达到了入迷的境界。

有一次，他正在专心致志地读一本书，母亲让他上街去买些绿豆。正读到紧要的时候，不忍心放下书，于是他一手提着篮子，一手拿着书，边走边看，一门心思都扑在书上了。集市喧闹繁华，人来人往很热闹，陈毅专心读书，并没有注意，竟连连撞到别人身上。忽听有人高声叫嚷："卖豆啦！卖豆啦！"他急跑过去，头也不抬，便说："买豆。"他买完豆匆匆回到家，放下篮子，又捧着书读起来。

一会儿，母亲走过来拧了下陈毅的耳朵，说道："你呀！看书都看呆了，你看看你买的是什么豆子。"陈毅跑过来一看不觉也大笑起来，篮中装的不是母亲让买的绿豆而是豌豆。就是由于这种强烈的求知欲，他阅读了许多中外著名书籍、丰富了他的视野和知识面。

陈毅投身革命后，面对新的形势，他更感到学习的迫切性，于是更加勤奋学习，刻苦读书。1934 年中央红军长征后，陈毅领导红军在江西苏区一带进行游击战斗。当时，我军处于敌人封锁圈内，条件十分恶劣，就是在这种非常艰苦的条件下，陈毅仍然天天坚持读书。

那时，山洞里、巨石旁、草丛中、大树下……都是陈毅学习的地方；有时天上下雨、下雪，眼前没有躲避的地方，他就把雨伞绑在自己身上，依旧专心地学习、读书。

1936 年，由于叛徒告密，陈毅的住地所被敌人团团包围。陈毅机警地隐蔽在丛莽之中，敌人带着猎狗满山搜索，没有找到陈毅，却发现在住地附近有一个包袱。敌人们把包袱打开一看，里面既没有银元、又没有值钱的东西，仅有一堆书籍。敌人惊讶地说："啊，共产党苦得这样，还念书哪！"

陈毅认准只要坚持不懈，铁棒能磨成针，坚持学习、读书，无论在什么条件下都持之以恒。陈毅逐渐成长为人民军队的杰出将帅和中国无产阶级的优秀政治家，并且成为学识渊博的诗人。

66. 老舍奋发写作

老舍（1898—1966），原名舒庆春，字舍予，北京人。我国著名的现代小说家、戏剧家。

他出身贫寒。1900 年，他刚一岁，八国联军攻打北京，父亲在侵略者的炮火下丧身。母亲拖着 5 个孩子靠给别人洗衣、做活养家度日。

老舍 7 岁那年，靠一位乐于行善的大叔才进了私塾，开始他的学生生活。后来靠他苦读勤学，考上免费供给膳宿的北京师范学校。

1921 年，他进英文夜校时认识了一位英国教授，又跟着这位教授补习英文。25 岁时，他被推荐去伦敦大学东方学院当讲师，教英国人学中国普通话和"四书"。他在伦敦先后和一位作家及一位翻译家住在一起。他看见他们不论白天夜晚，总是写个不停。一向爱好文学的老舍想，自己念过唐诗宋词，读过许多小说和新文艺作品，又能唱京戏、昆曲，也写过小说习作。又有满肚子的苦汁，何不吐出来？我要大声呐喊！他下定决心拿起笔，利用课余时间和假期，开始了小说的创作。

凡事开头难。尽管过去他也写过论文，写过讲演稿，可正式要写起小说来，并不那么容易。在远离故土的英国伦敦，他怀念祖国，思念家乡，回忆往事，创作地冲动激励着他勤奋苦练，边学边写。他想："十成不能则五成，五成不能则一成半成，灰心则半成皆无。生命断矣！"他还想："字纸篓子是我的好朋友，常常往它里面扔弃废稿，就一定会有成功的那一天。"

终于，他熬了整整一年写出了第一本小说《老张的哲学》在国内发表了，他快活得要飞起来了。接着，他又写了三本小说。

1930 年春回到祖国后，老舍应聘担任了齐鲁大学的教授。从这以后，他在教书的业余时间写作，每年寒假、暑假，是他写作的最佳时期，不管外界有多少诱惑力，也不管条件有多么困难，他天天坚持写作。从开始写小说起，他一连 10 年都没有歇过夏。

有一年，暑假期间，山东济南遇上了奇热，小孩整天哭号，吃不下奶；大人一个劲儿地喝水，吃不下饭。当时老舍正忙着写一本书。他坐在小桌前，左手挥扇打苍蝇，右手握笔写稿，汗不停地流着，不一会儿汗水就顺着手臂流到了写字的纸上，他便把毛巾垫在肘下当吸汗器，坚持写作。他规定自己每天必须写好两千字，否则决不罢休。

不久，老舍离开了教学岗位，成了专业作家，他更是夜以继日地写作。实在疲倦了，就朗读外文小说，调剂调剂精神。老舍的辛勤耕耘，果然结出了硕果。在山东 7 年间，他写了 6 部长篇小说，40 篇短篇小说。

这以后，老舍在抗日战争期间，又写了《四世同堂》等两部长篇小说，7 个话剧，出版了一部长诗集、一部曲艺作品集、两部短篇小说集。新中国成立以后，还写了《龙须沟》、《茶馆》等 24 部戏剧。

老舍成为我国写作最勤快、作品最多、国内外享有盛名的老作家之一。他的许多作品，已经翻译流传国外。老舍用他宝贵的生命和丰硕的作品，证实了他甘当人民"文牛"的高贵品质和高风亮节。他为祖国为人民献出了自己的一切。

67. 维克多·雨果终生写作不辍

维克多·雨果，19 世纪法国著名的诗人、小说家、文艺评论家、政论家。他是法国浪漫主义文学运动的领袖和旗帜。

雨果出生在法国东部城市贝桑松的一个平民家庭。父亲在法国大革命时投身革命，屡立战功，后成为拿破仑手下的一位将军；母亲是天主教忠实的信徒，是拥护波旁王朝的保皇党人。父母迥然对立的性格在雨果身上都有或多或少的体现，可以说，雨果是具有双重性格的人，这种天性伴随了他一生。雨果从小喜爱读书，尤其是酷爱文学。雨果进入中学后，勤奋学习之余就开始尝试着写作诗歌和戏剧，被同学称为"小诗迷"。

受母亲思想的影响，早年的雨果是个保皇派。1820 年他的诗歌《哀悼贝利公爵之死》受到路易十八的称赞。1822 年，他以处女诗集《短歌集》向文坛进军，引起法国文坛的注意，得到当时红极一时的诗人夏多布里昂地赏识。随后他写作了剧本《阿密·罗布萨夫》、小说《冰岛魔王》、《布格·雅尔加》等作品。这些作品表现了他保皇主义的信仰倾向，在思想艺术上都有欠缺。

受到资产阶级自由主义思潮的影响，雨果的政治态度开始出现了转变。1827 年，雨果发表了诗剧《克伦威尔》，在序言中从正面提出了发展浪漫主义文学的主张，公开反对保守的古典主义艺术。这篇序言标志着雨果从保皇主义转变到资产阶级自由主义、从古典主义转变到浪漫主义，是雨果思想发展的里程碑。由此，雨果也就成为法国浪漫主义文学运动的领袖。

在新的文学主张地指导下，雨果创作出了具有鲜明浪漫主义艺术风格的作品，如戏剧《玛里·德·洛尔美》、诗集《东方集》、小说《死囚末日》等。

1830 年，戏剧《爱尔那尼》问世。这是雨果浪漫主义戏剧的代表作，雨果也成为浪漫派名副其实的领导人物。这段时期是雨果创作上的旺盛时期，他先后完成了一系列具有强烈反封建、反教会思想的作品，以 1831 年的历史小说《巴黎圣母院》为最著名，被誉为 19 世纪欧洲浪漫主义文学里程碑式的作品。

19 世纪 30～40 年代，雨果的政治立场一度发生动摇，这一时期他的文学创作也进入了低谷。*1851* 年路易·波拿巴宣布恢复君主制，雨果对此坚决反对，为此遭到迫害，流亡海外达 *19* 年之久。

在海外流亡期间，雨果继续用文学为武器和拿破仑三世作斗争。*1853* 年，雨果创作了充满革命气势的政治讽刺诗集《惩罚集》，怀着满腔怒火揭露拿破仑三世的专横独裁、滥杀无辜。

1859 年，拿破仑三世宣布赦免雨果，允许他回国，却被诗人坚决拒绝了。雨果这段时期仍然笔耕不辍，其中有讴歌人道主义的长篇巨作《悲惨世界》，被誉为法国最伟大的叙事诗的《诸世纪的传说》等。在这一系列作品中，雨果始终站在同情人民的立场上，坚持人道主义思想，描写穷苦人民的悲惨处境，把矛头指向拿破仑三世的独裁统治。雨果的作品情节引人入胜，在艺术上具有巨大的感染力。

1870 年，法王举起白旗，第三共和国正式成立。雨果结束了长期的流亡生活，返回祖国，受到法国人民的热烈欢迎。他回国后不顾年事已高，以高昂的爱国主义热情，投入到反对普鲁士入侵的战斗。

1873 年，年逾古稀的雨果完成长篇小说《九三年》，这是他一生中的最后一部巨著。写作这部作品历时 *11* 年，在这期间雨果连遭不幸，连续经历了丧女、丧子、丧妻之痛。即使是受到这样沉重地打击，雨果也没有放下手中的笔，直到晚年仍埋头创作。

1885 年，一代文豪雨果在巴黎逝世，噩耗一传出，法兰西共和国举国哀悼。法国人民为自己的作家举行了国葬，这是法国惟一一次将这个殊荣给予一位文学家，这也是对雨果最好的评价。

68. 安徒生潜心写童话

汉斯·安徒生，*19* 世纪丹麦著名作家，也是世界文学史上举世无双的童话大师，被誉为"童话大王"。

安徒生出生在丹麦菲英岛的一个叫欧登塞的城市。他的父亲是个穷鞋匠，母亲比父亲大好多岁，曾经做过洗衣妇。

由于家境贫困，安徒生从小没受过什么正规教育，但他的家人很疼爱他。祖母给他讲故事，父亲讲《天方夜谭》这样的神话给他听，还给他做玩具。物质生活上虽然匮乏，但安徒生的童年却是自由的。

安徒生的父亲曾投身军旅，但不幸身染重病，回到家中。安徒生 11 岁时父亲病故，他只好独自去谋生。他做过裁缝店的学徒，受尽了侮辱和虐待，小小年纪尝到了人世间的艰辛。后来他进入学校学过短暂的一段时间，因受同学歧视，没有多久就回家了。

1819 年，刚刚成年的安徒生独自一人跑到首都哥本哈根，梦想成为皇家剧院的一名演员。

安徒生遭遇了很多人的白眼和冷遇，但他也遇上了好心的意大利歌唱家西博尼教授。西博尼收留他在自己创办的音乐学校学习。安徒生抓住这样一个难得的机会，勤奋学习，后来因为身体原因离开了学校。

安徒生努力地进行文学创作，他创作出的剧本受人赏识，被推荐获得奖学金，他得以进入斯拉格尔塞的拉丁语学校学习。

在拉丁语学校，安徒生一学就是五年。他十分用功，功课也很好。就在毕业之前，由于不堪忍受校长的苛刻要求，他中途退学，重回到哥本哈根。

在哥本哈根，安徒生租了一个小阁楼潜心学习，同时也继续文学创作。在拉丁语学校的学习生活为他的文学创作打下了坚实的基础，这期间他写了不少诗歌，得到了人们的赞赏。

1828 年，安徒生考上哥本哈根大学。在大学里，他的文学才华得到了发挥。他连续写出《阿马格岛漫游记》和喜剧《尼古拉塔上之恋》，获得文坛好评，安徒生终于成为公认的名作家了。

因为恋爱失败，安徒生出国旅行了一段时间，回国后完成了长篇小说《即兴诗人》，被译成好几国文字，安徒生获得了巨大的声誉。

安徒生在创作了《即兴诗人》之后，开始转向了童话创作。起先有人责难说："写得出《即兴诗人》这样杰出作品的人，为什么要写哄骗小孩的童话呢？"其实创作童话完全出于安徒生的爱好和责任心。

安徒生常常想起自己不幸的童年，决心为孩子们，特别是为穷苦的孩子们写些童话，以此来教育、培养他们，使他们具有崇高的理想和美好的情操。

安徒生为孩子们创作近40年，直到去世之前，共发表了168篇童话和故事。他的作品被译成80多种语言，为世界儿童提供了丰富的精神食粮。安徒生比较著名的作品有《海的女儿》、《卖火柴的小女孩》、《美人鱼》、《皇帝的新装》等。这些作品为他赢得了世界性声誉，使他成为世界文学史上无与伦比的童话大师。

安徒生终生未婚。他平日的生活非常孤独，他的后半生大部分时间都是在旅行中度过的。他在旅行中结识了许多著名作家，如大仲马、巴尔扎克、雨果、狄更斯等。

安徒生晚年身患肝癌。1875年，他以70岁高龄逝世。当时，上至丹麦国王、各国大使、公使和公主，下至乞丐，举国上下都深表哀悼，为他举行了国葬。

安徒生的童话有着巨大的艺术魅力，传遍五洲四海。丹麦人民为了表彰他在文学史上的杰出贡献，在首都哥本哈根、他的出生地欧登塞建立了安徒生童话公园。

安徒生童话写作的灵感来自于幼年时代的回忆，从长辈处听来的民间故事与传说以及旅游世界各地的见闻。因此，他经常以祖国丹麦的城镇为背景，或以遥远的东方如中国或圣经中的伊甸园为背景发挥故事。读者走进安徒生世界，不仅可以一览19世纪丰饶的人文景观，还可见识到百年前纯朴旖旎的欧陆风光及世界各地的民俗风情。同时，安徒生童话也有令人心动的幽默和鲜明地讽刺。他的童话揭示了贫富悬殊的社会现实，广泛描写了灾难深重的劳动人民，对上层统治阶级进行了无情地鞭挞。篇篇故事，都是藏诸本族他乡的人间缩影，不到终篇，无法预知剧情与人事的发展。因此，它可以跨越文化藩篱、超越年龄限制，堪称一部老少皆宜的"不朽传家经典"，值得每一个人细细品味。

《豌豆上的公主》：从前有一位王子，想找一位真正的公主结婚，但他走遍全世界都没有找到，只好沮丧地回到家里。一个雷电交加的暴风雨之夜，有人敲打城门，老国王打开城门一看，是一个被淋得像落汤鸡似的女子，她自称是真正的公主。

老皇后走进卧室给这位公主铺床，暗中在床榻上放了1粒豌豆，然后铺了20床垫子和20床鸭绒被，让公主睡在上面。第二天早晨，大家来问公主睡得怎样，她说她几乎整夜没有合眼，感到自己睡在一块很硬的东西上面把全身弄得发青发紫。

大家认为，除了真正的公主外，任何人不会有这么娇嫩的肌肤。于是，王子选她做了妻子。而那粒豌豆，则被送进了博物馆让人参观。

《皇帝的新装》：很久以前有一位酷爱漂亮衣服的皇帝。一天，两个骗子来到了皇宫，他们声称自己可以织成世界上最美的衣服，而且这种衣服的特点是那些不称职或是愚蠢的人都看不见。皇帝很高兴，给他们最好的金丝，并且让朝中的大臣参与监工。虽然这些大臣们个个看不见衣服，但是为了掩饰自己的愚蠢，他们便假装看得见，于是最后竟然连皇帝也假装看见了。皇帝穿着这件莫须有的"衣服"参加游行大典，真相让一个孩子揭穿，受到了全国的嘲笑。

《丑小鸭》：夏天，鸭妈妈在她的巢里孵蛋，最后孵出来的那只竟然是最丑的小鸭，因为他长得太丑了，所以无论在鸭群里还是在鸡群里都受到排斥，最后连鸭妈妈也开始讨厌他了，于是他只好到处流浪。在流浪途中，丑小鸭见过野鸭和大雁，也遇到过很多危险，甚至在冬天还被冻得和冰块结在一起。但是到了春天，这只丑小鸭终于变成了一只美丽的天鹅，原来他本身就是一只天鹅。

《海的女儿》：美人鱼是海王的公主，她的皮肤又光又嫩，像玫瑰的花瓣，眼睛像海水般蔚蓝，从深深的海底宫殿升到水面上来，欣赏外界广阔的天地。她渴望获得纯真的爱情和人类才有的灵魂，因为美人鱼这些海里的生物原是没有灵魂的，他们寿命终结，便将化为波涛的泡沫，消失在海面上。于是，她不惜一切，以自己的金嗓子为代价向女巫求助，换取了"人"的形体，来到她所爱的王子身边。可是，她不能发声，没法向王子示爱，互相不能沟通，美人鱼终于没有得到王子的心，也无法得到"人"的灵魂。最后，王子结婚了，美人鱼走向死亡，化为波涛的泡沫，飘浮着，飘浮着。

69. 果戈理坚持为人民写作

尼古拉·瓦西里耶维奇·果戈理，俄罗斯著名的批判现实主义文学大师，被誉为俄罗斯散文之父。

果戈理于 1809 年 3 月 20 日出生在乌克兰波尔塔瓦省密尔格拉得县索罗钦采镇。果戈理的父亲是个不太富裕的地主，他热爱文学和戏剧，写过一些诗和剧本。受父亲的影响，果戈理自幼爱好戏剧、诗歌和传说，在学校里他是文艺方面的活跃分子。他是学生自办小图书馆的管理员、手抄杂志《文学慧星》的编辑、业余剧团的骨干。

1825 年，父亲去世了，这是果戈理命运的一个转折点。失去父亲的痛苦使他一下子成熟起来。他已不是一个孩子，而是一个在探索自己未来的青年，是一个已经准备去挑选前程的人。他开始思考自己的未来，是取得成功名垂青史，还是泯灭于尘土之中？

1828 年，果戈理来到彼得堡。他一面渴望见到自己所崇拜的普希金，一面开始尝试着文学创作。1831 年是果戈理一生中很有意义的一年。这一年他认识了普希金，同时他的第一部小说集《狄康卡近乡夜话》出版了。这部书描绘出一幅幅乌克兰劳动人民欢乐的生活画面，得到了普希金的高度评价。年轻的果戈理从此一举成名，跻身于俄罗斯著名作家的行列。

1935 年，果戈理先后出版了《密尔格拉得》和《小品集》，内容或歌颂民族解放斗争，或鞭挞封建农奴制度，或刻画农村地主的庸俗，或描写"小人物"的悲剧，标志着果戈理向批判现实主义方向的转变。果戈理并不满足于此，第二年写出喜剧《钦差大臣》，以惊人的现实主义手法，刻画了外省官吏集团的丑恶面目，深刻揭露了 19 世纪 30～40 年代俄国政治的腐败，是整个俄国社会生活的缩影。

《钦差大臣》获得了人民的热烈欢迎和民主进步力量的极高评价，但也引起了统治阶级的强烈不满，果戈理被迫离开俄罗斯避居国外。

1836 年 6 月，果戈理开始了异国的漂泊生涯。他漫游欧洲，从一个国家到另一个国家。1937 年，他在巴黎得到普希金逝世的消息，悲痛万分，同时也深刻感到应当沿着诗人没有走完的道路走下去。于是，他克制哀伤，重新拿起笔来继续写作《死魂灵》。

果戈理身在异国漂泊，但心系俄罗斯，他不顾《钦差大臣》的教训，仍然在写俄罗斯，并为俄罗斯而写。在罗马，他完成了那部震撼整个俄罗斯的《死魂灵》。这部小说用辛辣的讽刺笔调无情地揭露和抨击腐朽的农奴制度，是果戈理批判现实主义的最高峰，是俄罗斯文学史上第一部具有高度思想性和艺术性的现实主义长篇小说。

与《钦差大臣》一样，《死魂灵》受到反动势力的围攻，同时，别林斯基等进步人士挺身而出捍卫这部伟大的作品，称它是"文坛上划时代的巨著"。

《死魂灵》出版后，果戈理再次出国，他思想抑郁，乡愁和疾病陪伴着他在异国的生活。由于长期地脱离俄国社会，又受到宗教主义的影响，原本就不主张推翻社会制度的果戈理思想上来了一个大倒退。果戈理的意识进入了与信仰和上帝发生积极联系的地带。1847年，他发表了《与友人书信节选》，俨然以专制制度和农奴制度的辩护人身份，完全否定了自己那些揭露社会矛盾的作品，宣扬从道德、宗教入手来改善社会。

《与友人书信节选》遭到俄国进步人士的强烈批评。为此，别林斯基和果戈理展开了一场激辩，果戈理深受震动，决定返回祖国，重新接触社会。

1852年2月11日，果戈理将《死魂灵》第二部手稿投入炉中，看着它们直到全部变为灰烬。十天后，果戈理在极端痛苦中离开了人世。

《死魂灵》讲的是并非贵族出身的乞乞科夫，牢记没有给他留下任何遗产的亡父的"谆谆教导"，想方设法去捞得更多的金钱。他来到一个偏远的省城，先以优雅的姿态和频频地拜访，获得权贵和社交界的普遍赞扬。在旁人尊敬的目光里，他开始寻觅自己的猎物——本地地主家里农奴的死亡人数。接着，他先后结识了五个农奴主，开始自己的交易。先是乡绅玛尼洛夫，他一口答应送给他死去的农奴的户口——死魂灵。

乞乞科夫高兴地从玛尼洛夫家出来却迷了路。雨夜里撞入女地主柯罗博奇卡家，连骗带哄加威吓，以15个卢布买到了18个死魂灵。

在拜访地主梭巴凯维奇的途中，乞乞科夫碰到另一个地主诺兹德廖夫——一个貌似豪爽，实则无赖的家伙。他答应赠送给乞乞科夫死魂灵，但要乞乞科夫必须买下他那些价格很高的马和狗。两个家伙纠缠不清，最后乞乞科夫仓皇逃走。

乞乞科夫来到梭巴凯维奇的庄园，梭巴凯维奇知道乞乞科夫想购买死奴后，精明地开出 100 个卢布一个死魂灵的价格。最后，乞乞科夫使尽浑身解数，以两个半卢布一个的价格成交。

随后，乞乞科夫慕名来到拥有上千农奴的地主普柳什金家。极度吝啬的老地主得知死人也能卖钱后，喜出望外！生意做成后，居然破天荒般拿出发霉的饼子招待客人。

购得大批死魂灵的乞乞科夫返回省城，一想到马上可以赚到 20 万卢布，得意之极。更高兴的是，因为他购买死魂灵的事越传越玄，那些权贵们还尊他为百万富翁，为他举行庆功宴。

但是，就在省长家的舞会上，醉酒的诺兹德廖夫揭露了他的阴谋。于是，真相大白在一片逐客声中，他赶紧坐车溜之大吉。

俄国小说《死魂灵》，是一切文学作品中最好的长篇小说之一。它以喜剧现实主义和讽刺开始，通过荒诞进入预言。像陀斯妥耶夫斯基的《白痴》一样，其用意在于拯救俄国社会。一个畸形运转的俄国立刻呈现在我们的面前。在其中最彻底死灭的魂灵是诸如诺兹德廖夫、乞乞科夫等那些极端贪婪自私的人，在他们中间，乞乞科夫是首要人物。他是最典型、最难以归类的一个普通的俄国人。小说第一部详细描述了乞乞科夫之流各种各样卑鄙的欺诈行为，其叙述语气具有奇妙的喜剧和荒诞色彩。

当已经盘算好欺骗康士坦夏格罗的乞乞科夫最后说到，许多人还是比他更不诚实时，他表达了果戈理对俄国社会的控诉。《死魂灵》最好的部分还是和果戈理的道德说教无关，讽刺和荒诞的部分是这部长篇小说的主要价值所在。

作品通过投机钻营分子乞乞科夫的经历，不仅是对沙俄社会黑暗的封建农奴制的强烈批判，更主要的是对"人性稀薄"的庸俗人际关系的揭露和嘲讽。果戈理的幽默被美国著名作家纳博科夫膜拜，后者在他的影响下，写就了名著《普宁》。

70. 泰戈尔用诗歌记录人生

罗宾德拉纳特·泰戈尔，伟大的印度诗人，著名的哲学家，教育家和社会活动家，1913 年获得诺贝尔文学奖。

泰戈尔出生在印度加尔各答的一个富有的地主家庭。祖父德瓦尔卡纳特·泰戈尔是印度启蒙运动思想家罗·莫汗·罗易的密友，父亲戴本德拉纳特·泰戈尔是一位著名的哲学家和宗教改革的倡导者。泰戈尔家是当时加尔各答知识界的中心。文化界名流熙来攘往，使泰戈尔从小就感受到文学、音乐和艺术的气氛。

父亲为泰戈尔专门请了各科的著名教师到家里来教课。在这种全面和严格地教育下，泰戈尔广泛接触了各种社会科学和自然科学知识，为他日后地创作打下坚实基础。

二哥乔提对泰戈尔有很大的影响。乔提是一个有事业心的爱国者，他为了发展民族航运业，曾用本国船只与英国轮船公司竞争，结果失败破产。这件事给了泰戈尔很大的刺激。乔提要求泰戈尔先学好祖国的语言，再去学英语，这使泰戈尔一生可以用优美的孟加拉文创作。

按照父亲的意愿，1878 年，泰戈尔进入伦敦大学学习法律。但是泰戈尔早已醉心于文学，对法律不感兴趣。他在大学只念了三个月，便转行学习英国文学和西方音乐。他还特别注重了解英国的社会生活。他对莎士比亚的戏剧、雪莱的诗歌、司各特的小说都十分倾慕。他从欧洲的进步文艺中，汲取了民主主义和人道主义思想，向西方批判现实主义和浪漫主义大师们学习了许多宝贵的艺术创作经验。泰戈尔把这些所学融入到自己所接受的印度传统文化中，形成了他一生创作的基石。

回国后，泰戈尔陆续创作了诗剧《大自然的报复》，抒情诗《暮歌》、《晨歌》，诗集《婴儿音乐》、《刚与柔》、《心灵》等。这些作品为泰戈尔带来了声誉，被誉为"孟加拉的雪莱"。

从 1890 年到 1901 年，泰戈尔奉父亲之命到乡间去管理田产。走出加尔各答狭小的生活圈子，他来到了孟加拉农村的广阔天地，有机会接触到广大下层群众，并熟悉他们的生活。孟加拉农村的贫困状况，使泰戈尔触目惊心。地主对农民的残酷剥削，和英国殖民统治者的专横暴虐，使泰戈尔无法遏制心中的怒火。泰戈尔对那些苦苦挣扎的农民怀有深切的同情，并对农村的社会问题进行了探讨，企图寻求解决的方法。

严峻的现实和人民的遭遇，激发了他的创作欲望，他的多部诗集《黄金船》、《缤纷集》、《碎玉集》、《梦幻集》、《刹那集》、《故事诗集》等就是在这个时期诞生的。著名的短篇叙事诗《两亩地》就是揭露封建剥削制度罪恶的杰出代表作。此外，他还写了《喀布尔人》、《素芭》、《摩诃摩耶》等 60 篇脍炙人口的短篇小说。泰戈尔已由表现内心世界转而反映外部现实生活，在思想和艺术上获得了质的飞跃。

20 世纪初到 20 年代，是泰戈尔一生中创作的辉煌时期。这一时期也是印度民族解放运动的爆发时期。泰戈尔毅然投身到民族解放运动的洪流中去，他亲自组织群众集会，领导反英游行，发表爱国演说。

在参加政治活动的同时，泰戈尔仍在孜孜不倦地进行创作。这一时期他的主要精力放在中长篇小说的撰写上，主要作品有长篇小说《小沙子》、《沉船》、《戈拉》和中篇小说《四个人》，这些作品较多地表现出资产阶级的人道主义思想，广泛反映了印度现实中最迫切的社会问题。这一时期的著名诗篇，以他 1913 年获得诺贝尔文学奖的诗集《吉檀迦利》为代表，泰戈尔由此成为蜚声世界文坛的大文豪。

泰戈尔生命中的最后 20 年，为印度独立和世界和平奔走呼号，竭尽全力。他晚年曾先后七次出国访问，足迹遍及欧、美、非、亚四大洲 30 余个国家。他与罗曼·罗兰、托马斯·曼、巴比塞、法郎士等著名作家共同发起组织"光明团"，反对战争，倡导和平。

泰戈尔晚年的思想发生了深刻的变化。他在许多方面突破了资产阶级人道主义的藩篱，创作出了大量的政治抒情诗。这些诗歌记录了他思想转变的历程，充满了对帝国主义的切齿痛恨，摒弃了"非暴力"的局限，转而号召人民同帝国主义、法西斯强盗斗争。泰戈尔晚年诗歌所表现出的进步思想性和战斗性，为印度进步文学树立了光辉的榜样。

1941 年，泰戈尔在加尔各答逝世，终年 80 岁。他为印度人民留下一份异常丰富和宝贵的财富：50 多部诗集、20 多个剧本、近百篇短篇小说、12 部中长篇小说、200 多首歌、2500 多幅画等。

71．罗曼·罗兰为名人写传励志

精通欧洲古典音乐的罗曼·罗兰，以他天才的灵感与手笔创作出一部描写音乐家的长篇小说——《约翰·克里斯朵夫》。这部作品的各个方面几乎都渗透了音乐性，仿佛一部气势雄壮的交响乐。

作者始终以音乐家的精神状态来揭示主人公的情感领域和内心世界，人物的性格中渗透着音乐的节奏。小说的主人公约翰·克里斯朵夫从小就对音乐特别敏感，他是一个极有天赋的孩子，自然界的万事万物只要与他一接触，就会"全部化为音乐"。这种无所不在的音乐，在克里斯朵夫的心中都有回响。对他而言，家乡奔流的莱茵河化为一支悦耳动听的音乐："波涛汹涌，急促地节奏又轻快又热烈地向前冲刺，而多少音乐又跟着那些节奏冒上来，像葡萄藤绕着树干扶摇直上：其中有钢琴清脆的琴音，有凄凉哀怨的提琴，也有缠绵婉转的长笛……"这是一段典型地描写，除此之外，小说中渗透的音乐感俯拾皆是，就连自然景物地描绘都带有"音乐性"。

更令人赞叹不已的是在作品中，罗曼·罗兰凭借自己对欧洲音乐的深厚素养，插入了许多对音乐作品和音乐家的富于真知灼见的评点文字。通过他的评点，人们可以领略到博大精深的欧洲古典音乐真正魅力之所在，从而开启人们心中那扇走向音乐殿堂的高雅之门。

因此，罗曼·罗兰的《约翰·克里斯朵夫》是一部富于独创性的作品。它被许多评论家称为"音乐小说"。

罗曼·罗兰这种别具一格的创造，把音乐与小说这两种不同形式的文艺结合在一起，产生无穷的魅力。因为他本人就是一位优秀的钢琴家，一位有名的音乐艺术史家、音乐评论家和音乐传记作家。这位世界闻名的反战主义者和进步作家 1866 年生于法国克拉美西城一个中产者的家庭。罗兰五六岁时，就从爱好音乐的母亲那里得到对贝多芬的认识，接受了音乐的启蒙教育。在大学里，他主要攻读的是文学和历史。由于对社会前途的怀疑，青年时代的罗曼·曼兰是彷徨和痛苦的。22 岁时，他写信给早已蜚声世界的文坛泰斗托尔斯泰，诉说自己内心的痛苦，他开始根本没有期望托尔斯泰会给他这个初出茅庐的无名小辈以任何回音。但出乎意料的是，他不久后竟收到了长达几十页的托尔斯泰的亲笔回信。他鼓励罗曼·罗兰为人类崇高的理想而奋斗，他说："一切使人们团结的，是善与美；一切使人们分裂的，是恶与丑。"大师的精神令年轻的罗兰深受鼓舞，在人品上、学识上，罗兰都看到了人类的典范。

出于对社会的责任感，罗兰从戏剧入手踏上了文学创作的道路。

1894 年，一名叫做德雷福斯的犹太籍大尉被诬叛国，判处终身监禁，这引起法国社会的轩然大波。1898 年，罗兰以"圣正义"的笔名发表了第一部剧本《群狼》，旨在为德雷福斯辩护。因为他认识到了戏剧是直接影响群众的最好手段，既可以针砭时弊，又可以鼓励行动。于是他写出了一组以法国大革命为题材的戏剧，合称为"信仰悲剧"和"革命戏剧"。

20 世纪初，罗兰写了一组名人传记，如：《贝多芬传》、《米开朗基罗传》、《托尔斯泰传》、《甘地传》，这是他有感于世风日趋颓靡，把变革现实的希望寄托在英雄伟人身上的表现，暴露了罗兰思想的局限性。

与此同时，罗兰投入了长篇小说《约翰·克里斯朵夫》的创作。这部十卷本的现实主义著作，花费了他 20 多年的时间，是 20 世纪文学创作中最伟大的收获之一。也因为这部小说，罗曼·罗兰获得了 1913 年度法兰西学士院文学奖金和 1915 年度的诺贝尔文学奖，从此跻身于世界级文学大师的行列。

《约翰·克里斯朵夫》写的是一个个人主义反抗者的悲剧。出身低微但富于音乐天才的克里斯朵夫在童年时代，就显示出刚正的品质。他敢于反抗故意侮辱他的贵族少爷小姐，不向统治势力低头。成为宫廷里的少年琴师之后，崛起的人格精神使他越来越难以被驾驭。他鄙视豪门，反抗贵族，毫不示弱地顶撞向他耍威风、摆架子的公爵。他秉着正直无畏的品德行走江湖，终于在路见不平，拔刀相助中惹下命案，开始亡命天涯。在巴黎，文化界的庸俗、腐化和堕落又和真正的艺术家克里斯朵夫尖锐地对立起来，使他的反叛性格进一步发展。他不顾一切、横冲直撞，勇敢地揭露法国上流社会的丑恶，但他却落得四处碰壁，备受打击的结局。可这一切丝毫不能消灭他的斗志，他在斗争中变得更加坚强，精神也更加充沛。然而，尽管他的反抗是坚强而勇敢的，却并没有动摇资产阶级的社会，更为可悲的是也没有得到人民大众的支持，只是引起少数同他一样的知识分子的共鸣。孤独与沮丧伴随而来，好友奥里维的死又给他以沉重的精神打击。最终，万念俱灰的克里斯朵夫沉醉于自己创作的清明恬静的音乐之中，他同现实妥协之后，也成名成家了。他的晚景是在恬淡的心怀中度过的。

前面已经谈到了这部小说的音乐性，有趣的是，从整体上来看，这部小说有着交响乐般宏伟的结构。主人公一生的悲欢离合、是非曲直、成败得失，犹如交响乐中高低轻重的各种音调，错综交织，形成一股旋律的洪流。整部作品的四部分相当于"交响乐的四个乐章"，分序曲、发展、高潮、结尾，气势雄浑，浑然一体，堪称音乐史诗。

72. 大仲马从乡村少年到文学巨匠

亚历山大·大仲马（1802～1870年），法国作家。小时候跟随寡母在乡村度过，21岁到巴黎。1829年，所作剧本《亨利三世和他的朝臣》得到公众认可。此后，其本色和文学才华逐渐得到显示，成为"巴黎之狮"，被认为是法国文学界的半人半神，作品影响遍及文明世界的每一个角落，本人也被称为"和蔼可亲的大力士"。一生写了200多部小说和一些剧本，比较著名的有《三个火枪手》、《基度山伯爵》、《二十年后》、《布拉日罗纳子爵》、《王后的项链》等。尤以前两部小说最为著名。

《基度山伯爵》讲的是1812年初，"埃及号"的代理船长爱德蒙·邓蒂斯受病死途中的老船长之托去见因禁在一座岛上的拿破仑，拿破仑托他带一封信给其在巴黎的亲信。在和女友的婚礼上，邓蒂斯被逮捕了。原来货轮上的邓格拉斯为了取代邓蒂斯船长的位置和邓蒂斯的情敌弗南勾结，弗南把邓格拉斯写的告密条交给了当局。代理检察官维尔福发现密信的收信人是自己的父亲，为着自己的前途着想，把邓蒂斯送进了孤岛的死牢中。邓蒂斯在监狱里度过了14年的光阴，他跟着一位神甫学会了好几种语言，并从神甫那里获知了一个秘密：一座叫做基度山的小岛上埋藏着一笔巨大的财富。邓蒂斯设法逃出监狱后，找到宝藏成为亿万富翁。后来，邓蒂斯设法打探出自已被陷害的真相。他首先报答了有恩于他的船主，而此时的未婚妻已成了弗南太太，老父也郁郁病死。怒火中烧的邓蒂斯经过八年的精心准备，决定赴巴黎复仇。

此时的维尔福已是巴黎法院检察官，邓格拉斯成了银行家，弗南成了伯爵。邓蒂斯化名基度山伯爵，借他人之手揭露了弗南20年代在希腊出卖和杀害阿里总督的丑闻，弗南找基度山伯爵决斗却遭到一番嘲讽。得知基度山伯爵的真实身份，加之妻儿离家出走，在害怕和绝望之余，弗南自杀了。于是，基度山伯爵又接着在投机事业中连续打击他的第二个仇人邓格拉斯，使他趋于破产。接下来，基度山伯爵又采用一系列手段，使邓格拉斯一家容颜扫地，完全破产。最后，基度山伯爵用更加残忍的手段对大仇人维尔福进行报复。他设计揭穿了维尔福和邓格拉斯夫人曾经偷情的丑闻，然后又设计使维尔福的后妻犯下几条命案而自杀。当维尔福在审理安德列亚的案件时，却发现儿子竟是罪犯。在过度的刺激和打击之下，维尔福发疯了。于是，大仇已报的基度山伯爵安排好后事，永远离开了巴黎。

《基度山伯爵》写的是一个报恩复仇的故事，以波旁复辟王朝和七月王朝为背景，在社会意义和思想价值方面不是太高。小说的主人公只是一个仅仅局限于个人恩怨的纯粹的报恩和复仇者，他除了复仇还是复仇，对社会完全"保持一种中立的态度"，而对社会历史的变化和人民群众的喜恶显得漠不关心，在完成自己的复仇"事业"

之后就匆匆消失了。因而，作者所宣扬和崇尚的价值观和英雄观并不值得称颂。

　　这部作品的突出之处在于它的情节非常曲折有趣，在故事情节的安排上独具匠心，把整个复仇过程写得波澜起伏、高潮迭现，70多个人物的纷繁活动被安排得井然有序而又环环相扣，情节的发展一步步在整个大迷宫里推向前进，而且场景富于变化，绝少雷同。总之，整部小说充满了浪漫的传奇色彩，精巧周密的构思、富有个性的对话语言、奇异丰富的想象和生动曲折的情节，使得它拥有广大的读者，也为作者赢得了更高的声誉，成为世界文学史上广为流传的名著。

73. 从家庭教师到著名作家

　　夏洛蒂·勃朗特（1816—1855年），19世纪英国著名的女作家，1847年以柯勒·贝尔为笔名发表《简·爱》而享誉文坛。她出身于英国北部一个贫苦的牧师家庭。为了谋生，当过家庭教师。后来，出于对文学的爱好，她和妹妹艾米莉·勃朗特一起去布鲁塞尔学习法语和当地的文化，在那里邂逅贡斯当丹·埃热夫妇，并对埃热产生了极其微妙的感情。这一些，都为她的小说提供了极其丰富的创作素材。除了《简·爱》，作品还有《谢利》，以及没有完成的《爱玛》等。《简·爱》讲的是从小就被舅舅抚养的孤女简·爱，在舅舅去世后，一直受着舅母她们的虐待。惟有使女贝茜对她予以关爱。在好心的药剂师劳埃德的帮助下，早就想赶她出门的舅母把她送到了洛乌德慈善学校。

　　在这所条件艰苦的学校里，简·爱找到了自己的朋友：充满爱心、仁慈大度的海伦·朋斯和坦普尔小姐。但不幸的是，海伦因为肺病离开了人世。坚强的简·爱以优异的成绩成为这所学校的教师。不久，她就不堪忍受乏味的生活，前往桑菲尔德庄园，做贵族罗切斯特养女的家庭教师。

她的质朴和智慧打动了罗切斯特的心，灵魂上的默契使他们相爱了。这时，垂危的舅母良心发现，叫简回去，告诉了她的身世秘密：简有一个叔叔还在世上。简原谅了她。回到桑菲尔德，她接受了罗切斯特的求爱。

正当婚礼举行之际，陌生人梅森告诉她，罗切斯特早就有了妻子！悲愤的罗切斯特告诉了简他过去的一切，尤其是他那精神病的妻子。但是，道德和自尊使简不得不痛苦地离开。

痛苦的她昏倒在荒野的山冈上，教士圣约翰一家救助了她，她开始在这里过着平静的教书生活。很意外地，简得到了叔叔的遗产。这时，圣约翰向她求婚，但简发现自己仍深爱着罗切斯特。

当她再次到达桑菲尔德，发现的是一片荒凉。庄园被烧掉了，烧掉庄园的疯女死了，罗切斯特的眼睛瞎了。简勇敢地和他在一起，开始新的生活。当他们的第一个孩子出生时，罗切斯特的眼睛好了。

《简·爱》是夏洛蒂·勃朗特的代表作。饱含深情的笔调、细腻入微的心理刻画，使得我们跟随着男女主人公的感情波折而一起喜一起悲，甚至潸然泪下。这正是夏洛蒂·勃朗特不同于一般作家的地方所在。她以第一人称来行文，把作者强烈的感情有机地融入作品当中，从而使得整个小说带有一种使人几乎无法摆脱的感情的漩涡。

作品最吸引人的地方是敢于追求幸福和自由的简·爱的丰满形象。我们在这部作品之中能寻找到那个勇敢追求幸福，反对世俗和贫穷的"夏洛蒂"身影。但是，作者在对简·爱进行讴歌时，是基于对相互理解、相互尊重的爱情的深切理解和体会，以及对世俗偏见的反抗上的。在此，体现了作者对美好爱情和美好心灵的向往和热爱。

简·爱这个美好人物形象的诞生，得归功于夏洛蒂·勃朗特的杰出贡献。

74. 从贵族子弟到平民作家

屠格涅夫是俄国19世纪一位优秀的现实主义作家，全名为伊凡·谢尔盖耶维奇·屠格涅夫。他出身贵族，一生锦衣玉食。写的作品中的主人公也多为贵族，并且在他的作品中最早出现了俄国文学中著名的"多余人"形象，如《罗亭》中的贵族罗亭、《贵族之家》中的贵族拉夫列茨基等。屠格涅夫写作不为名，不为利，因为他什么也不缺，他纯粹是出于爱好，贵族式的爱好。这使得天赋很高的屠格涅夫能以敏锐观察、冷静的笔触去写自己感兴趣的事，自由表达自己的观点、情感。屠格涅夫一生与贵族分不开，称之为"贵族作家"是恰如其分的。

屠格涅夫于1818年10月28日出生在俄国奥勒市的一个贵族家庭。父亲是个退役军人，很早就去世了。这使得其母的性格变得乖戾，常常无故责打下人。屠格涅夫因此觉得母亲是个可怕的人，母子不太亲近。在屠格涅夫9岁时，全家迁到莫斯科。聪明勤奋的屠格涅夫中学毕业后，于1833年进入莫斯科大学学习。因为不喜欢那里的环境，1834年转入彼得堡大学。大学中的屠格涅夫爱好广泛，曾参加进步的学生组织，思想倾向于民主。这时的屠格涅夫表现出对文学的偏爱，曾写过诗。大学毕业后，屠格涅夫到德国柏林大学留学，乘机到附近各国去旅行，了解了不少风俗民情。

1842年，屠格涅夫结识了对他文坛一生至关重要的文艺批评家别林斯基。在别林斯基的影响与鼓励下，屠格涅夫开始写作。从

1847 年开始，屠格涅夫经常在《祖国纪事》与《现代人》杂志上发表作品。他的第一部小说《猎人笔记》以连载的形式发表，获得文坛上的广泛关注。屠格涅夫以其独特的风格一举成名了。《猎人笔记》以一个贵族猎人在俄国中部山村打猎为线索，描绘了一幅俄国农奴制统治下的真实生活画卷，表达了作者对农奴制的不满。这部作品的发表触怒了沙皇政府，但苦于没有理由不便发作，终于在 1852 年果戈理逝世后，反动当局明文禁止发表悼念文章。一向自由惯了的贵族屠格涅夫丝毫不把禁令放在眼里，依然发表文章表达对果戈理的深切哀悼。这件事被反动当局抓住把柄，屠格涅夫被逮捕并遭到流放。但是，屠格涅夫毫不屈服，依然创作反对农奴制度的作品，他的中篇小说《木木》就是他在彼得堡拘留所里写成的。

从 50 年代开始，屠格涅夫开始创作长篇小说。1856 年，屠格涅夫塑造出俄国文学史上第一个"多余人"形象罗亭。"多余人"是俄国文学史上独特的产物，是指那些出身贵族、对现实极度不满，而又不去实际做点什么的脱离人民的所谓"贵族革命家"，他们都是"语言上的巨人，行动上的矮子"。1859 年，屠格涅夫完成他的"多余人"系列的顶峰之作《贵族之家》。

小说的主人公拉夫列茨基是个总想干一番事业的正直的贵族知识分子，他出生在古老的贵族之家，父母早逝。在拉夫列茨基上大学时，在剧院中遇到一位美貌姑娘，堕入情网。这位姑娘是科罗宾将军的女儿瓦尔瓦拉。婚后，拉夫列茨基沉醉在个人幸福之中，往日的抱负与决心全都烟消云散了。谁知科罗宾将军把女儿嫁给他，完全是看上了他家里的财产，想依靠女儿攫取在自己手里。父女俩成功了。婚后不久，瓦尔瓦拉的本性逐渐暴露出来，她的放纵奢华让拉夫列茨基感到厌倦，他又专心于自己的学业，总想回俄国去干一番事业。但是，这种想法总因某个无关的小事而停顿，不能付诸行动。偶然的一天，拉夫列茨基发现妻子对自己不忠，他一下子像掉入了冰窖。他禁不住这样的打击，通知管家从科罗宾那里收回产业管理权，自己却独身隐居在意大利一个小镇上。

4年之后，他一事无成地回到故乡，住在姑姑给他留下的小庄园里，结识了表姐卡里金娜的女儿丽莎。拉夫列茨基与丽莎在一起很自由，两人相爱了，当时还有一个浮华的年轻军官也在追求丽莎。一次他们在谈话时为俄国的未来争论起来。年轻的军官鼓吹全盘西化，认为俄国一无是处，而丽莎与拉夫列茨基的观点一致，认为俄国的未来在人民手中，从此两个人的心更加贴近。但是，传闻已经死掉的瓦尔瓦拉突然归来，让宗教观念很强的丽莎感到沉重的负罪感。她心灰意冷，皈依上帝，进了修道院，而拉夫列茨基却毫无办法。瓦尔瓦拉得到一大笔钱后，又去巴黎寻欢作乐去了。拉夫列茨基后来在他的庄园里努力改善农民的生活。后来，他重回表姐家里，老一辈都已逝去，只有一群朝气蓬勃的青年人，拉夫列茨基坐在与丽莎曾经同坐过的那张椅子上，回忆着自己无功的一生。他想着青年一代应该比他有作为的。同时，也对自己说道："毁掉吧，无用的生命！"颓然离去。

《贵族之家》以悲凉的笔触描写了贵族在历史舞台上的悄然退场。

1860年，屠格涅夫发表了长篇小说《前夜》，描写了俄国贵族小姐叶琳娜爱上保加利亚爱国英雄英沙罗夫，二人一同去参加保加利亚的解放斗争。英沙罗夫在路上病死，坚强的叶琳娜仍然去了保加利亚，并在起义军中当了护士。但是由于当时的评论家杜勃罗留波夫以《真正的白天何时到来？》为题对《前夜》作了自己的解释，向来自由的屠格涅夫不喜欢别人任意拆解自己的作品，二人发生争论。屠格涅夫愤然退出《现代人》刊物，与革命民主主义者决裂。

1862年，屠格涅夫又完成了他的另一部长篇巨著《父与子》。小说主人公巴札罗夫出身平民，他推崇实用科学，重视实践，信奉唯物主义，他以革命民主主义的立场坚决反对贵族自由主义思想。巴札罗夫在医科大学毕业后到贵族出身的同学阿尔卡狄家中小住。一次偶然的机会，巴札罗夫与持贵族自由主义观点的阿尔卡狄的伯父巴威尔争论起来，结果巴札罗夫大获全胜。不久，巴札罗夫同阿尔卡狄到省城去玩，碰到贵族遗孀奥津左娃。巴札罗夫对成熟漂亮的奥津左娃一见倾心，但遭到拒绝，而阿尔卡狄则热恋上奥津左娃的妹妹。两人回家之后，阿尔卡狄抛弃了曾经有过的革命民主主义思想，安然享用祖上的产业，巴札罗夫则专心干自己的事业。由于上次辩论的失败，巴威尔耿耿于怀，找个机会与巴札罗夫挑起一场决斗。巴威尔负了轻伤，而巴札罗夫随即回到父亲家里。后来，在一次解剖伤寒病人尸体时不小心割破手指，受到感染而死去。

屠格涅夫以清醒的眼睛看到了贵族与平民思想上的隔阂与距离，看到了民主主义必将战胜贵族主义，塑造了俄国文学史上著名的"新人"巴札罗夫。

后来，屠格涅夫又陆续发表了一些文章。其中《烟》最能反映他的贵族主义慵懒、倦怠的思想，而《处女地》则又体现出贵族革命家对政治的看法。1882 年，屠格涅夫出版了他最后一部作品《散文诗》，表达了自己思想上的苦闷之情。

1883 年 9 月 3 日，屠格涅夫因病在巴黎去世。依照他的遗言，遗体运回他的祖国，在彼得堡安葬。从此，俄国消失了一位普通的贵族，而俄国文坛却损失了一位独具风格的贵族作家。

75. 从勤杂工到著名诗人

华尔特·惠特曼，美国著名诗人。他用日常生活的语言，从新的角度描写人的肉体、灵魂和宇宙之间的关系，把诗歌从当时的习俗中解放了出来。

惠特曼于 1819 年出生于美国东部长岛西山村一个贫苦的农民家庭，5 岁时全家迁到布洛克林，父亲做了木匠。惠特曼的母亲是个宁静而高尚的女性，她潜移默化地给了惠特曼内在品质方面的影响。惠特曼的祖父和著名的民主主义者汤姆·潘恩是朋友，惠特曼的父母又是空想社会主义的追随者，这些给少年惠特曼幼小的心灵上播下了民主思想的种子。

由于家境困难，惠特曼只念了五年小学，从 11 岁起，他就被迫走上了自立谋生的道路。他做过勤杂工、排字工、编辑、教师、职员等。繁重的劳动，夺去了惠特曼的童年，不消说书声朗朗的课堂与他无缘，就连自学的时间也几乎没有。虽然处境艰难，但是他对知识的渴望却与日俱增。在工作的余暇，惠特曼勤奋自学。他怀着浓厚的兴趣阅读民歌、希腊史诗、莎士比亚戏剧、司各特小说，以及拜伦、白朗宁、乔治·桑、狄更斯等西欧各国进步诗人和作家的作品。随着成年累月地大量阅读，惠特曼早已具有的民主进步思想迸发出来，他支持解放黑奴的斗争，发表慷慨激昂地演说。

1841 年，惠特曼成了纽约《新世界》报社印刷所的排字工人。由于他工作勤勉，擅长文字，不久被提升为该报记者。于是，他便一边工作，一边写作。在 1841 至 1842 年间，他先后写了七篇短篇小说和一些诗歌，发表在文艺刊物上。惠特曼早期诗文多是摹仿性的趋时之作，以多愁善感的情调，宣扬某种教条式的主题思想，在艺术上还不是很成熟。虽然如此，这些作品还是给他带来了初入文坛的声誉。

在他担任《曙光报》和《布洛克林每日鹰报》编辑期间，曾先后两次被解雇，原因就是大胆而彻底地谴责资产阶级民主的虚伪，得罪了资产阶级的代理人。

后来经朋友引荐，惠特曼受聘到南方大城市新奥尔良任《新月报》编辑。惠特曼被当地依然存在的残酷的奴隶制度所震惊，只工作了两个月，他便无法遏制心中的愤懑，不顾友人的一再挽留，离开了新奥尔良。

惠特曼辞职后，沿密西西比河乘船上行，在国内进行了长途漫游。他访问了芝加哥城，游览了五大湖区，观赏了雄伟壮观的尼亚加拉大瀑布。惠特曼广泛地接触了社会中下层的劳动人民，从渔夫、水手、码头工人到车夫、开荒人以及黑奴，深入地了解他们的苦难生活与斗争经历。惠特曼在时代的洪流中奋力上游，不断地探索着人生、社会、民主。

经历了这次国内漫游，惠特曼扩大了眼界，思想更加成熟。当他回到纽约后，换上工人服，继承起父亲的旧业，成了一名木匠。

白天，惠特曼紧张地劳动，以维持自己和一家人的生活；晚上，他不顾一天的劳累，在灯下潜心创作。经过大胆地探索，惠特曼写出了具有新的表现形式的自由体诗，在诗歌创作上迈出了重要的一步。

1855年，惠特曼自己动手排印了《草叶集》第一版，只有94页，10首诗。它一问世，就受到了猛烈地攻击，从它的内容到它的形式，都不为人们所接受。但是，惠特曼没有退却。第二年，他又印了第二版，增加了12首诗。《草叶集》展现了丰富的内容，有对大自然的赞美，对劳动者的歌颂，也有对虚假民主地揭露，对革命斗争的热情讴歌。在艺术上，摆脱了传统格律诗的束缚，具有强烈的艺术表现力。

在一片叫骂声中，美国著名作家、评论家爱默生却给予惠特曼热烈地喝彩与崇高地评价。

以后多年，惠特曼不断地修改、增订《草叶集》。到1892年诗人逝世前，已累积了296首诗，15000多诗行，成为一部洋洋巨著。随着岁月地推移，惠特曼也从最初不被人承认直至最终获得了巨大成功，他的声望已超越了美国文艺界，他被认为是美国最伟大的诗人之一，《草叶集》也被认为是美国乃至世界文学史上的一部巨著。

《草叶集》共收录 383 首诗，中心主题是围绕"民主"两个字展开的。

讴歌民主和自由是《草叶集》的主题。在《自由之歌》中，诗人庄严地宣布："我说出最原始的一句口令，我发出民主的信号。"在《敲呀！敲呀！敲呀！》这首诗里，诗人充分表现了联邦军民为粉碎奴隶制、争取民主的战斗精神："不要谈判——不要因别人劝告而终止，不理那怯懦者，不理那哭泣着或祈求的人；啊，军号就这样高声地吹。"在《为你，啊，民主哟》中，诗人这样写道："来啊，我要创造出太阳照耀的民族。""为你，啊，民主哟，我颤声地唱这些歌。"诗人把美国视为"民主的大地。"

人类平等也是《草叶集》关心的内容。在《从巴门诺克开始》中，诗人热情地写道："啊，这样的主题——平等！这神圣的平凡名词！"诗人认为，在这个世界上，国不论大小，人不分种族，都应该是平等的。"我是许多民族组成的一个民族中的一员，这里面最大的和最小的全没有区别"。"一切出生的男人皆是我的兄弟，一切女人都是我的姐妹，我的爱人"。

《草叶集》还赞美人生，歌颂普通劳动者。在《近代的岁月》中有这么两句诗："宇宙间没什么比人更神明。多么威严，多么美丽。"在《自我之歌》中诗人概括地表现了普通美国人的形象，在诗的开篇，诗人这么写道："我赞美我自己，我所承担的你也应该承担，因为属于我的每一个原子，同样也属于你。"诗人把自己当作人民中普通的一员，热情地讴歌了这些普通人。

赞美大自然是《草叶集》中的又一特色。在《滚滚的人海中》诗人不由地喊出："看哪，伟大的宇宙，万物的联系，何等的完美！"从《巴门诺克开始》中，诗人写道："宇宙的万物都是完美的奇迹，每一件都和另一件一样深。"

惠特曼生活的时代是美国社会阶级矛盾日益尖锐的时期，随着资本主义文明的发展，奴隶制度成为美国发展的最大障碍。因此以雇佣劳动为生产基础的北方与以奴隶劳动为主的南方就发生了尖锐的冲突。《草叶集》就是诗人参加废奴运动生活的思想记录，诗人用诗文表明了自己的观点和立场。

《草叶集》是惠特曼的诗歌总集。他从 20 世纪 40 年代开始写诗，1855 年《草叶集》首版问世时仅有 95 页，收有 12 首诗歌。尽管是薄薄的一本诗集，却是诗人生活的结晶。以后《草叶集》每出新版，都增有新的诗篇。到 1892 年推出第九版即临终版时，《草叶集》已是有近 400 首诗歌的巨著了。富有生命力的草叶是诗人自己的形象，是蒸蒸日上的美国的象征，它寄托着诗人对于民主和自由的一种理想。

诗人的民主精神表现在对劳动人民的态度上，也表现在诗歌的艺术风格上。以其广阔的现实主义画面，浓重的浪漫主义笔触，用一种健康的、时代迫切需要的资本主义民主思想开创了一代诗风。他的诗豪放不羁，完全不受传统诗法的限制，接近口语和散文诗，没有韵，也没有规则的重音、节奏。他把美国语言当作完全未加工的原料铸入新的诗歌形式。在形式上，《草叶集》创立了自由诗体，开了一代诗风。它打破了长期统治美国诗坛的因袭律式，破天荒第一次以短句作为韵律的基础。这种被誉为"波涛滚滚"的自由诗体，大量采用重叠诗句，扩大了韵律范围，提高了诗歌的表现力，是诗歌形式上的重大革新，对我国五四以来的新诗影响甚大。美国现代诗歌中旨在描写人类从未接触过的崭新世界，并激发人们去创造的一派，就继承了惠特曼摒弃传统、勇于开拓的精神。

第三章

学生热爱学习教育的主题活动

1. "增强学习意志" 主题班会活动方案

活动背景

意志就是自觉确定目的，并根据目的来支配和调节自己的行为、克服各种困难，从而实现目的的心理活动。它是人的认识的能动表现。意志是学生学习和将来事业成功的重要心理因素。很多学生学习成绩不理想，并非是智力不高，而是缺乏持之以恒的意志力。本次活动就是为了帮助学生克服意志薄弱的缺点，提高学习成绩。

活动目的

（1）使学生了解培养坚强意志对学习和将来事业成功的影响。

（2）在学习和实践中充分发挥自己的主观能动作用，百折不挠克服学习上的各种困难，以顽强意志的行动实现既定目标，到达成功的彼岸。

活动准备

（1）准备一个不管是顺境还是逆境，都不放弃自己的追求、生命不息、奋斗不止、坚韧不拔的故事。

（2）准备不同意志力的学生对学习影响的情境。

（3）准备好意志强弱的自我测查问卷。

（4）准备一盒事先录好的足球赛的录像带、录放机及电视机，以备表演时用。

活动过程

教师讲述

一个不管是顺境还是逆境，都不放弃自己远大目标的追求、生命不息、奋斗不止、坚韧不拔的一个普通的中国女留学生袁和的故事，使学生明确百折不挠的坚强意志是学习和事业成功的重要保证。

1983 年 6 月下旬，美国马萨诸塞州的蒙特·荷里亚女子学院降了两天半旗。是纪念某位新故的总统，还是哀悼某个世界名人？都不是。他们是在沉痛悼念一个普通的中国女留学生袁和。

当地多家报纸登了袁和的事迹和照片。在袁和短暂的一生中，是什么原因使她从一个里弄生产组糊纸盒的小工人，成长为一个为祖国赢得荣誉的硕士研究生？是什么原因激励她去奋斗、去创造、去获取成功，使生命发出最强音？是她孜孜不倦地追求，是她坚韧不拔的意志。

在十年浩劫的年代，袁和没有读完高中就被迫停学了，但她历尽艰辛，硬是靠自学读完了大学的数、理、化、生物和英语等课程，1978 年被录取为中国科学院化学研究所研究生。

1980 年袁和取得了美国马萨诸塞州蒙特·荷里亚女子学院提供的学习和生活费用的奖学金，赴美攻读硕士学位。但是正当她向学习上的困难进军，与发达国家的对手竞争时，乳腺癌的魔影悄悄地降临在她的身上。她忍受着巨大的肉体上和精神上的痛苦，接连做了两次手术。1982 年 4 月，波士顿癌症研究所的化验结果和专家诊断结果表明，袁和的癌细胞已经转移了！这时，她没有听从美国同学的劝告，用吸毒产生的幻觉来减轻精神负担，而是不沉沦、不颓废，以坚强的意志和勇气去同癌症搏斗。三个月后，她顺利地通过了在死亡威胁下写成的硕士论文。当她穿着长长的黑学袍，走上台阶接过院长颁发的硕士学位证书，看着向她挥手微笑的朋友、老师

187

时，禁不住热泪夺眶而出。

教师讲解

这是一个动人的故事，这是一个意志的赞歌。凡是有成就的人，大都立下了自己的宏图大志、奋斗目标，并在学习和实践中充分发挥自己的主观能动作用，千方百计地克服一切困难，以自己顽强的意志去实现既定目标，最后达到成功的彼岸。这种自觉地确定目的，并支配和调节自己的行动、克服各种困难，从而实现预定的目的心理活动，这就叫做意志。它是人的认识的能动表现。而目的性和调控性是意志的两个基本特征。

（1）意志的目的性（人的意志活动总是具有明确的目的的）。

（2）意志的调控性（反映在克服各种困难上）。

意志是以明确目的与克服困难为主要特征的。

斯大林说："伟大的目的产生伟大的毅力。"人的意志是否坚强，要看他是否有明确的奋斗目标，奋斗目标愈高、愈远大，目标的社会意义认识越深刻，克服困难的意志力就愈大。由此可见，坚强的意志是推动学生去战胜各种困难而达到既定目的的巨大的内在推动力。

对于学生来说，意志坚强者，会迎着学习上的各种困难，朝着既定的学习目标，顽强拼搏，直至取得学习上的成功。相反意志薄弱者，遇到学习上的困难，稍遇挫折就会心灰意冷，一蹶不振，甚至放弃意志努力，最后放弃行动目的，使学习遭受失败。所以，意志是成功的重要心理因素。你要想在学习上和将来的事业上获得成功，就必须努力培养自己的坚强的意志。

表演情境设计

教师出示事先准备好的角色扮演情境，请几位学生上台按情境设计认真扮演，并引导学生针对情境中的情况进行讨论。

情境一：新学期开始了，班主任对全班学生进行学习动员，要求每个学生做好本学期的学习计划，利用班会进行学习交流，一位成绩不太好的某学生上台交流自己学习计划，赢得了全班学生敬佩目光。老师也表扬了该学生，希望他能按自己既定的目标，切实将自己的学习计划落实到行动之中，争取较大地进步。该生开始时，满腔热情、干劲十足，坚持了一段时间的按计划学习。在家复习功课时，电视传来足球赛的欢呼声，仍能无动于衷，坚持自己的学习。但该生缺乏坚持不懈的韧性，某天，该生正在家里做作业，电视里传来正在播放的足球赛（用事先录好的录像带播放）。该生按耐不住，放下作业，转入到电视机前来，一直观看到深夜，精疲力尽。往后下去，经常性遇到有球赛或者好看的电视剧，就放下作业或者不复习功课，而观看电视。久而久之，学习计划成了"一纸空文"，半途而废。期中考试学习成绩没有什么起色。试卷发下来，一脸的沮丧。

情境二：教师正在发测验试卷，某个学生上讲台领自己的试卷，走回到自己的座位后，看了一眼自己的得分，将试卷搓成一团，然后就伏在课桌睡大觉了。教师讲评试卷了，同桌示意他，该听老师评了，但该学生仍懒洋洋地说：才得 42 分，我学不了，"天生我材没有用"。

情境三：原来一个欢快生活、学习的某学生，一次意外的事故使之右手致残。他以顽强的毅力，克服残疾带来的困难，坚持练习左手写字。最初，一天只能写几十个字，但他每天坚持抄写七、八个小时，终于左手写字如右手写字一样，抄写自如了。每学期期中、期末考试成绩均名列班级前茅，会考九科中有七个科获得 A 级。赢得同学们的赞誉。

情境四：某学生，平时对自己要求严、很努力，其它各门功课都学得较好，唯有英语这门学科常常"亮红灯"，英语基础不好的他，该科学习困难最大。他为了提高总成绩，制定了消灭英语不及格的目标。他每天坚持起早贪黑，早上提前半小时起床读英语，课余时间有不懂的问题勤向老师、同学请教，晚修回家后，也坚持抽些时间做英语练习，长期坚持不懈，在英语学科上取得了很大的进步。不但消灭了不及格现象，还达到接近优秀等级的水平，英语成绩不断提高。

引导学生展开讨论

（1）情境中一、二、三、四中的人物意志力哪些强？哪些弱？

（2）意志力的强弱对其学习有哪些影响？

（3）你与哪一种情境相似？

教师分析说明

意志是影响学生学习成绩的一种很重要的非智力因素。意志在学习活动中的作用是显而易见的。意志薄弱的学生，学习遇到困难和挫折时，便像泄了气的皮球，垂头丧气，精神不振，从而失去了学习的决心和信心（例如以上情境类型的学生）。意志坚韧性不强的学生，在学习过程中受到学习之外的各种因素的干扰时，在意志行动中缺乏自制力，不善于约束自己的行为，甚至放弃意志努力，最后放弃行动目标，虎头蛇尾、半途而废（例如以上情境类型的学生）。意志坚强的学生，能自觉确立学习目的，不畏学习中遇到的各种困难和挫折，知难而上，有一股"绳锯木断，滴水穿石"的韧劲，持之以恒，努力学习，刻苦钻研，意志力促进了智力的发展，取得良好的学习效果，提高学习成绩（例如以上情境类型学生）。意志本身就是朝着既定目标，顽强地持久地克服困难、不达目的、奋斗不止的内部心理品质。

教师讲解意志的品质

意志的基本品质是自觉性、果断性、坚持性和自制性。

许多学习成绩优秀的学生，都具有"锲而不舍"的顽强学习意志。这种顽强的学习意志不是先天生来就有的，而是在长期的学习过程中培养出来的。学习乃是培养学习意志的一条重要途径。我们在学习过程中，如何正确认识意志对学习的作用和如何培养自己坚强的学习意志呢？

教师引导学生从意志品质的四个方面去思考，然后从影响学习最显著的三方面提出培养学习意志的途径。

（1）确定崇高的学习目标，树立远大的理想。

崇高的目标与远大的理想是意志行动的力量源泉。古今中外，许多著名的思想家、科学家、成功人士就是在崇高的目标远大理想的推动下，下定决心，克服一个又一个的困难而取得巨大成就的（举一些例子说明）。每个学生要根据自己的实际情况树立一个奋斗目标，树立自己的适当的抱负水平。

（2）制定一份自我约束、自我锻炼意志的计划。

一个人的行动和行为，总是依靠别人的监督和约束，是培养不出坚强意志的。只有自觉地监督自己，约束自己，才能把自己培养成为意志坚强者。许多著名人物为了锻炼自己的意志，以取得学习、工作、事业上的成功，常常为自己制定一些规则、要求来监督和约束自己。要求每个同学：

①从点滴做起，按时完成自己的各项学习任务，不拖欠作业，不老是"明日复明日"，当天学习任务当天完成，这也是一种意志的锻炼。在自己的行动仍缺乏自觉性时，也可以采取适当的有意强制的方法，要求自己无条件地服从。一个具有自制性的人，他善于迫使自己去执行已经采取的决定，并能战胜与执行决定相对抗的一切因素，善于迫使自己在必要时拒绝某种东西。

②正确对待学习中的挫折和失败。学习中总会碰到挫折和失败，有的人在挫折和失败面前消沉、悲观、自暴自弃，对一切失去希望；有的人在挫折和失败面前毫不气馁，善于从挫折和失败中吸取经验和教训，正确分析挫折和失败的原因，从逆境中奋起，树立信心，

重振旗鼓，善于进行自我调节，把压力转化为动力，变通前进、最终反败为胜，到达成功的彼岸。自制性是一种很宝贵的意志品质。它对促进一个人学习和事业的成功是十分必要的。

（3）持之以恒，百折不挠。

持之以恒，坚持到底，是人们在活动中得以维持始终、决不半途而废的更具有本质意义的意志品质，即为意志品质中的坚持性。坚持性往往是人们取得学习和事业成功的保证。古今中外许多伟大的思想家、科学家和学者都莫不表现出惊人的坚持性。例如：马克思写《资本论》花了 40 年，达尔文写《物种起源》花了 20 年，托尔斯泰写《战争与和平》花了 37 年，李时珍写《本草纲目》花 27 年。一个人要成就一项事业，需要有顽强的坚持性。学习意志地培养和锻炼不是一朝一夕的事，需要长期坚持不懈地努力，没有坚持到底的恒心，难以到达成功的彼岸。恒心的坚持在于，一方面要善于抵制不符合行为目的的主观因素的干扰，做到面临重重诱惑而不为所动；另一方面要善于长久地维持已开始的符合目的的行动，不畏困难，并千方百计克服困难。做到无论是学习还是做什么事，都要有始有终，都不轻易放弃对目标的执着追求，决不半途而废。

教师发给学生意志强弱自我测试问卷

每人一份，让学生自己填写，了解自己学习意志的强弱。

附：学习意志强弱自我测试问答卷。（每项 10 分）

（1）学习虽有计划，但不能坚持按计划进行学习。

（2）做作业或课外练习时，遇到不会做的难题，常去抄别人的作业或练习。

（3）在家学习时，每遇电视好节目，立即中断学习。

（4）某门学科经常考试不及格，上这门学科课时，直想睡觉，无精打采，就放弃这门学科了。

（5）每次遇到挫折和失败都会感到心灰意冷，消沉、悲观。

（6）你的学习从不需要别人督促。

（7）你遇到学习中不懂的问题，从不轻易去问别人，而是认真思考，想方设法弄懂它。

（8）为了及时完成某项作业，你经常废寝忘食、通宵达旦。

（9）为了把功课学好，你主动放弃了许多你原来感兴趣的活动（例如玩游戏机、看武侠小说，打扑克之类）。

（10）学习过程中，遇到一些好看的电视节目，不会轻易中断自己的学习。

教师小结

（1）强调学习意志对学习的作用。

（2）强调如何在学习过程中培养自己的学习意志。

活动的补充

（1）课外布置一些有适当难度、有一定困难的任务让学生去完成，锻炼学生的意志力。

（2）布置一次周记，要求学生收集古今中外学者、名人、思想家、科学家、企业家、成功人士在远大目标推动下，在学业或者事业上以顽强的意志取得的巨大成就。周记中，为培养学习意志，每人给自己立一个座右铭，警钟长鸣、不断自励。

（3）请成功人士到班级进行讲座。

活动反思

人不是生来就有成功的意志的。意志在人的生活中不是突然表现的，是通过教育慢慢地培养起来。本次主题活动以"心理常识辅导课"形式，给学生揭示意志的含义，了解意志的行为特征，培养学生的意志品质。取得了较好的效果。此后在进行这类活动时，还要根据情况，让学生制定一份具有奋斗目标和学习意志增强的自我锻炼的计划，让学生在意志行动中加深理解。例如：规定一些合理的学习制度和生活制度，让学生自觉去遵守，严格遵守学校纪律也是意志教育的一种重要手段。在意志教育中，给学生布置具有一定困难的任务，要求学生完成有一定困难的作业，让学生在不断克服，战胜困难的过程中磨练自己的意志，使意志日益坚强起来。

2. "爱读书，爱学习"主题班会活动方案

活动背景

学生的学习需要丰富的知识，然而在平时的学习中，大部分学生只知道学习课本知识，却忽略了课外知识的学习。为了引导学生多读书，读好书，并使他们在读书过程中体验学习的乐趣，我们主办了本次主题班会。

活动目的

（1）通过活动，使学生明白读书的意义，激发学生读书的兴趣，使书成为他们形影不离的好朋友。

（2）通过活动，充实学生文化底蕴，净化学生的精神世界，帮助学生从小树立远大的理想。

（3）借这次活动，在班级中营造良好的读书氛围，养成好读书、读好书的良好习惯。

（4）懂得学习方法，注重知识的积累。

活动准备

（1）准备讲故事的素材。

（2）准备朗诵的文章。

（3）提前排练舞蹈。

（4）准备吹奏的笛子。

活动过程

开幕词

甲：尊敬的老师！

乙：亲爱的同学！

合：大家好！

甲：踏着春天的脚步，我们又迎来了新的学期。

乙：春暖花开的季节，无疑是我们学习的春天。

甲：我们要听好每一节课，做好每一道习题。

乙：写好每一页字，吸收消化好每一点知识。

合：春光无限好，行动趁此时。我班"爱学习爱读书"主题班会现在开始！

读书伴我成长

甲：从我们懂事那天起，爸爸妈妈就会对我们说："长大后，你要好好读书。"

乙：进入小学后，在老师的教导下，我们认识了 aoe，学会了读书写字。

甲：从此一位良师益友就走入了我们的生活，那就是——书。

乙：书籍是人类进步的阶梯，书籍是我们精神的粮食。

甲：读书不但能给我们带来知识，更能给我们带来乐趣。

乙：你们都读过哪些书？从书中你知道了什么？

（学生畅谈自己读的书，和自己读书的收获）。

《新三字经》朗诵

甲：读书不但能给我们带来知识，也教我们做人的道理。

乙：读书也能给我们带来乐趣，让我们成为高尚的人。请听《新三字经》朗诵表演。

（10人分句朗读《新三字经》）

甲：《新三字经》是我国文化的瑰宝，教我们做人与学习。

乙：我们从《新三字经》中知道了仁、义、礼、智、信。

讲故事《凿壁借光》、《鲁迅刻"早"》

甲：勤奋是打开知识宝库的钥匙，它为远大的理想搭建阶梯。

乙：刻苦是步入殿堂的基石，它是实现宏伟志向的前提。

甲：听古今名人励志故事。

（学生讲故事）

甲：听了精彩的故事，请同学们谈谈自己的想法。

（学生说自己的感想和体会）

乙：让我们以勤奋，刻苦为榜样，让自己插上理想的翅膀，飞向成功。

乙：请欣赏舞蹈《蓝精灵》。

（学生表演舞蹈）

乙：真是一群快乐的小精灵。在学校里，我们也像精灵一样快乐地学习，快乐地成长。

语文积累展示会

甲：我们在校园里茁壮成长，离不开老师点点滴滴地辛勤教育。

乙：是啊，老师不但关心我们的生活，更关心我们的学习。

甲：一年级时，老师教我们快乐识字。

乙：二年级时，老师教我们背诵古诗。

甲：三年级时，老师教我们积累成语。

乙：四年级时，老师教我们积累歇后语。

甲：请看语文积累展示会，请各个小队准备！

（成语队队长：大家好，我是成语队的队长。别看我们成语只有四个字，它可是我们民族语言的精华。每一个成语都有一个小故事，还告诉我们词语的含义，教我们做人与处世。等一下我们给大家展示。）

（古诗队队长：你们好，我是古诗队的队长。古诗是中国文化中的一颗璀璨的明珠，它语言优美、生动，有描写景物的诗句，有描写人间真情的，也有表达爱国和理想的。我们从小就开始背诵古诗了，那我们也会给大家露一手。）

（歇后语队队长：还有我呢，我是歇后语队的队长。歇后语可有意思了，他由前半句和后半句组成，一般有两种形式，一是表示意义的，一是表示谐音的。歇后语用幽默的语言告诉我们一定的道理和生活中的事情。）

（谚语队的队长：你们都说得很好。我也给大家介绍一下，谚语是劳动人民在日常生活中积累经验总结的语言，它有表示气候的，有表示哲理的，还有表示农耕的，也教我们为人和做事。我们给大家表演表演！）

（全班学生按小组进行语文积累的展示）

甲：看来，同学们积累了不少的语文知识，掌握了学习方法。

甲：俗话说："拳不离手，曲不离口。"学任何本领、知识都要专心和努力。

乙：正所谓，"只要功夫深，铁杵磨成针。"我们同学们不但会学习，还学会了吹笛子呢！

合：全班齐奏《南泥湾》

班主任总结

甲：我们班的笛子吹得不错吧！

乙：那当然啦！他们精神饱满笛声悠扬。

甲：这些都离不开老师的辛勤指导。下面请我们亲爱的班主任讲话。

（班主任总结：亲爱的同学们，看了大家的表演，老师真为你们高兴，你们个个口吐玉玑、神采飞扬。俗话说：一分耕耘，一分收获。天道酬勤。相信通过此次主题班会，你们一定学到了知识，享受到了勤奋学习的快乐，老师希望你们以后能外甥打灯笼——照旧努力，照旧积累，成为"腹有诗书气自华"的人。）

甲：同学们，我们要牢记老师的谆谆教诲，今天的班会是我们刻苦学习的新起点。

合：勤奋学习，认真读书，用自己的实际行动回报老师，回报社会。"爱学习爱读书"主题班会到此结束。谢谢大家！

活动反思

本次主题班会，培养了学生的语言表达能力和表演能力，提高了学生自觉学习的意识。班会的各个节目，都是学生平时积累的。吹笛子表演是我们班的特长。从这些表演中，学生深深地明白了，无论学什么都要勤奋、专心，才能学好。中小学学生正是抓学习的大好时机，如何让孩子养成良好的学习习惯，体会读书的乐趣，从而爱学习，学会学习，使他们的意识上一个新的台阶，是每一个教师都在积极探索的问题。本次班会在这方面做了一起尝试，也收到了较好的效果，但我们还会继续努力，并多提供机会让学生展示自己，锻炼自己，从而促进他们学习兴趣地提高。